人生・ビジネスに活かす「武士道」

Kosuke Teshima
手島康祐

合同フォレスト

はじめに

新型コロナウイルスによって加速される「時代の予測困難化」

元号が令和に変わって、早くも四年が過ぎた。２０２０年代に入って早々に、我が国でも新型コロナウイルスが猛威を振るい、我々の健康安全に対する不安感や経済の先行き不透明感を瞬時の間に一気に高めてしまった。こうした現実は、人々の心をますます荒ませている。「コロナ離婚」の言葉に代表される、身近なパートナーとの信頼関係も崩壊している上に、インターネットでの他人に対する誹謗中傷やいじめ、乗客・通行人を狙った通り魔事件など、相手の受けた傷の痛みを想像する力に欠けた加害者による、目も当てられない事件が世間のニュースを賑わせている。

しかしながら、Volatility（不安定）、Uncertainty（不確実性）、Complexity（複雑）、Ambiguity（曖昧さ）の頭文字を取った「ＶＵＣＡ」の時代は、１９８０年代後半から１９９０年代初めのバブル崩壊を機に始まり、１９９７年のアジア通貨危機、２００１年のアメリカ同時多発テロ、２００８年のいわゆるリーマン・ショック、２０１１年の東日本大震災などを経て、年々その色合いを濃くしてきていたと見た方が正しい。今回の新型コロナウイルスは、「時代のＶＵＣＡ化」にさらに拍車をかけてしまったのである。

ＶＵＣＡの時代に露呈する旧来型問題解決アプローチの限界

それでは、時代がＶＵＣＡの様相を呈するほど、私を含めたビジネスパーソンを取り巻く環境はどのようなことになっていくか。組織開発・リーダー育成を専門とするコンサルティング会社コーン・フェリー・ヘイグループのパートナーであられる山口周氏がその著『世界のエリートはなぜ「美意識」を鍛えるのか？』で述べられている通り、著名な外資戦略コンサルティングファームが提唱してきたような、事実に即して、論理的・分析的に解決策を導き出す、旧来型のロジカルシンキング（論理的思考）や問題解決アプローチの有効性が著しく低下する。

　問題の枠組みをシンプルな論理構造として捉えるこれらのアプローチは、確かに「作れば売れる」といった右肩上がりの安定的な外部環境のもとでは非常に有効な思考法である。しかし、問題が複雑化するほど、その論理構造から捨象された「想定外の事象」が発生してしまうため、解決策の策定当初に期待された成果の獲得ができなくなる。さらに、変化が激しく、予測がしづらくなればなるほど、問題解決ロジックの前提とした事実自体が陳腐化しやすくなる上、「風が吹けば桶屋が儲かる」方式に構築した論理モデルが、脆く崩れ去りやすくなるのである。

　つまり、好むと好まざるとにかかわらず、現代は「正解を容易に導き出せない時代」にどんどん突入しているのである。

自ら示した「方向性」を信じて進む「美意識」が求められる

　こうした複雑化した時代に向けた対応手段として、人工知能やデータ解析をはじめとした情報技術の進歩が役立つことは十分に考えられる。しかし、その進化した情報技術を駆使する側である私たち人間の「どうあるべきか」「いかに生きるべきか」という美意識の持ち方が、それにも増して重要になるのではないかと私は考えている。

１９９７年5月に米ＩＢＭ社のコンピューター「ディープ・ブルー」が当時のチェス世界王者、ガルリ・カスパロフ氏を破ったのを皮切りに、２０１６年には囲碁、２０１７年には将棋で、人工知能が時のトッププロに勝利したというニュースが流れた。これらの事例から、近年において特にこの分野の技術進歩は目覚ましく、人工知能は、特に論理、科学、分析、計算、推理、言語といった、人間の頭脳でいうところの左脳が司る部分において、すでに人類の知能を超えつつあると捉えることもできる。

その結果、現在は人間の手によって行われている仕事の大部分が、今後10年程度の間に人工知能に置き換わると言われている。さらに、真偽はともかくとして、２０４５年頃には人工知能が人類の知能を超越する技術的特異点（シンギュラリティ）が到来するとも囁かれている。

このような中、私たち人間がいっそう左脳的分野を鍛えることで人工知能に対抗し、人工知能に取って代わられないだけのビジネススキルを磨くことに限界はないだろうか。むしろ、美意識、感性、ひらめき、直感、創造、芸術といった右脳的分野が人工知能の空白地帯であり、宗教家、芸術家ら、元来こうした領域を生業とされてこられた方々のみならず、経営者、サラリーマンら多くのビジネスパーソンにおいても、右脳領域の強化・鍛錬が今後一層求められるのである。この鍛錬によって導き出した「かくあるべし」という理念・方向性を示し、それに向かうための手段・手法として人工知能はじめ先端の情報技術を駆使する。これからの時代、まず美意識あっての論理思考であり、まかり間違っても、美意識なきまま情報技術に翻弄され、論理に振り回されてはならないのだ。

「美意識」や「感性」をどう鍛えるか

我が国の熾烈な受験戦争を勝ち抜いてきたビジネスエリートの方々は、その多くが10代初め前後から論理、科学、分析、計算、推理、言語といった左脳領域を鍛錬されてきたことだろう。もちろん、中学・高校・大学を通じてほとんどの学校の入試必須科目となっている算数・数学や国語であっても、左脳領域のみならず、ひらめきや感性といった右脳領域も大事であることは確かだが、こと受験科目という観点では、反復練習によるパターン学習が、制限時間内に効率的に得点するための鍵であるという点で、左脳の鍛錬に比重が置かれるものである。

一方、同じく学校で習う科目の中でも美術・図画工作や音楽といった芸術科目はまさに右脳鍛錬にうってつけだ。しかし、これらは一般的に受験科目から除外されているが故に、よほどの趣味とされていない限り、一生のうちでも感性が最も高まる10代の多感な時期に、受験勉強と並行して芸術科目に触れてきた方は、ごく少数に限られてしまうのではないだろうか。

かく言う私も、残念ながらご多分に漏れず、10代においては芸術科目にそこまで重要性を感じていない学生の一人だった。高校から大学附属校に入学し、エスカレーター式で大学に入学できたため、世間的には大学受験で苦労はしていなかったものの、この時期に感性を十分に磨かなかったことは残念なことではあった。

しかし、10代のうちに感性を磨くチャンスを逃しても、それは致命的にはならないようだ。美術・音楽、さらには文学をはじめとした芸術全般（創作や演奏のみならず、鑑賞・観賞も含む）、瞑想、恋愛、料理、育児など、10代を過ぎ年齢がいくつになっても、美意識、感性、ひらめき、直感、創造といった右脳的分野を鍛錬する機会は、日常生活を通じ、場合によっては意図的に作り出せるのである。ただし、右脳的分野の鍛錬は、左脳的分野の鍛錬以上に、成果が個々人の資質やセンス、あるいは周囲の環境に依存することは否めない。これは例えばあるミュージシャンの同じ音楽を聴いても、ある人はとても感動して感性を強く刺激されても、別のある人にとっては全く響かないことなどざらにあるように、「グッとくる」ポイントには個人差があり、再現性に乏しいためであろう。ましてや、鍛錬の成果をビジネスに結びつけるとなると、一層ハードルが上がってしまいそうである。

そこで右脳的領域、とりわけ美意識や感性を、一定程度の再現性をもって向上させるための私の一番のお勧めが「歴史と古典哲学に親しむ」ことである。詳細は本編にて詳述させていただくとして、実のところ山口周氏も前掲書の中で美意識を鍛えるための具体的方策として、「絵画を見る」「文学を読む」「詩を読む」と並んで、「哲学に親しむ」を挙げられており、私も大いに賛同する。山口氏は、哲学から得られる学びとして、第一に、その哲学者が主張した内容そのもの（コンテンツ）からの学び、第二に、そのコンテンツを生み出すに至った気づきと思考の過程（プロセス）からの学び、第三に、その哲学者自身の世界や社会への向き合い方や姿勢（モード）からの学び、の「三つの学び」があるとの卓見を示されている。これらの三つの学びを整理して初めて、現代を生きる私たちにとって有用な示唆や気づきが得られるのである。

なぜ、『武士道』か

私は20歳になったころから以上のような意識が芽生え、大学の学業や公認会計士試験の勉強の傍ら、『論語』『孟子』『孫子』といった中国古典、パナソニックの創業者・松下幸之助氏の著作、司馬遼太郎氏の歴史小説などを好んで読み漁った。

中でも司馬遼太郎氏の歴史小説は、『竜馬がゆく』の坂本竜馬、『燃えよ剣』の土方歳三、『世に棲む日日』の吉田松陰と高杉晋作、『峠』の河井継之助、『花神』の大村益次郎ら、幕末に実在した武士が主人公であり、彼らの生き様や散り様に魅了された。大学の学業こそは自らの本分と思い、疎か(おろそ)にしなかったものの、ダブルスクールで通っていた公認会計士の試験勉強の方はそっちのけで夢中になっていたほどであった。

そんな中、自宅近所の書店で次に読む本を模索中に出会ったのが新渡戸稲造博士の『武士道』(奈良本辰也編訳・三笠書房)であった。当時の五千円札の顔であり、名前こそ存じ上げていただけで、恥ずかしながら新渡戸博士に関するそれ以上の知識は持ち合わせていなかったが、表題、さらには「BUSHIDO～The Soul of Japan(日本人の魂)」という原題に魅せられ即時購入し、一気に読み進めた。

平安時代末期から幕末まで、約千年もの長きにわたって形成された武士道の一面に触れたような感覚であった。それは、司馬作品に登場する侍たちの根底に共通して流れる思想であり、恐らくは、彼らのように我が国の歴史に名を刻んだ英傑だけに限らず、この国に武士として生まれ、その名こそ後世に残らずとも、その職分を全うし生きられたであろう数多の先人に思いを馳せながら、私自身も彼らのように美しく、潔く生きたいと感じ入ったことを思い出す。

また、傍（かたわ）らに読み進めていた中国古典、とりわけ論語や孟子といった儒教の精神が武士道精神の形成に重要な影響を与えていることもわかり、自身の中にあった知識の一つひとつが連鎖的に繋がっていった感覚も体験できた。

新渡戸博士が同書の中で「我が武勇なる祖先の魂は死せず、見る目有る者には明らかに見える。最も進んだ思想の日本人にてもその皮に掻痕（そうこん）をつけて見れば、一人の武士が下から現はれる」と記されているが、スポンジが水を吸収するように、祖先から日本人としての血を受け継いだ私にとって内容がすっと受け入れられ、心の底から「グッときた」のである。

こうした私の体験から、『武士道』が私の半生の中で最も感銘を受けた座右の書となった。『武士道』を読むことを通じて、特に日本人であればその多くの方々と感動を共有できるのではないかと思っている。私が古典の中でも一番に『武士道』をお薦めする所以（ゆえん）はここにある。

本書の目的

座右の書『武士道』とともに20年以上、私は公認会計士、そしてコンサルタントとしてビジネス経験を積んできた。本書は、僭越（せんえつ）ながら『武士道』の書かれた背景や、その要諦を解説するとともに、私が仕事を通じて『武士道』の考えを取り入れ、実践してきたことをお伝えしたいと思う。

新渡戸博士の、その英文の原著から漂う博識さ、上品さからすると、浅学非才の私がその偉大な著書に解説を加えようとは、我ながら分不相応にも程があると思う。しかし、その誹（そし）りは重々承知の上で、『論語』にある「學（まな）びて思はざれば則ち罔（くら）し、思いて學ばざれば則ち殆（あやう）し」「義を見て爲（せ）ざるは勇無きなり」（ともに爲政第二）の言葉を胸に、恥を覚悟で思い切って活字にまとめる次第である。

すでに『武士道』の原著を読まれた読者の方々には「そうした見方、考え方もできるな」と、少しでもその視野を広められ、まだ読まれていない方々には、その魅力が少しでも伝わり、原著を読まれるきっかけになるとともに、一人でも多くの方々における日々の美意識の鍛錬や仕事のパフォーマンス向上に、微力ながらも一役買うことができれば本望である。

手島 康祐

目次

二章　武士道の徳目――「義」「勇」「仁」「礼」「誠」、そして「名誉」「忠義」　47

彼を知り己を知れば百戦殆うからず
社会公益に尽くし、社会から必要とされるために

おわりに

日本的なるものの復権を願って

一章　新渡戸稲造が『武士道』を書くまで

ご縁あって本書を読み進められている読者にあっては、多少は遠回りであったとしても、本題「コンテンツからの学び」に入る前に、あえて「プロセスからの学び」「モードからの学び」のステップを経由していただくことによって、より本質たる「コンテンツからの学び」の理解が深まるように思う。私にどこまでその役割が果たせるか、あまり自信はないものの、新渡戸博士の「プロセス」および「モード」を、私なりの理解に基づき本章で整理してみた。

読者の皆様には新渡戸博士の『武士道』を書かれるまでの気概・気迫を少しでも感じていただけたら本望である。

新渡戸稲造の幼少時代

新渡戸博士は、文久2年（1862年）に現在の岩手県盛岡市で生まれた。家系は代々の南部藩士で、祖父の傳（つとう）、父の十次郎は十和田湖周辺の開拓指導者として知られる武士であった。慶応3年（1867年）の大政奉還により徳川幕府から政権が朝廷に返上され、翌年には明治新政府が誕生したわけであるから、新渡戸博士は激動の時代に幼少期を過ごしたことになる。

新渡戸博士の育った家庭も武家であった以上他人事ではなく、この間、家禄として保証されていた定収入がなくなってしまったことをはじめとして、幕藩体制の中で享受できていた武士階級の特権が次々に剝奪されたものと推察される。ましてや東北諸藩となれば、戊辰戦争で新政府と戦い、朝敵の汚名を着せられたのだから、一家で精神的・経済的に大きな転換を迫られたことは想像に難くない。加えて、五歳の時に父・十次郎を病気で失い、日に日に厳しさを増していく環境の中で、これからの時代に必要な能力とは何なのか、自分はその能力をどう身につけ、どのように生きるべきなのかを冷静に見極めながら、その後の実業界でのグローバルな活躍の素地を作っていたのかもしれない。近所のかかりつけの医者から英語の薫陶を受けていたことも、母親からの訓育・助言も含めた、一家でのこうした思考訓練の結果であったことだろう。

そして明治8年（1875年）、稲造少年は故郷盛岡から上京して東京英語学校に入学する。英語の才能は抜群で、上京してすぐに書いた英作文が、翌9年にフィラデルフィアで開かれたアメリカ独立百年祭で展示されるほどであったという。『武士道』の執筆をはじめとした成人後の格調高く豊かな英語表現力は、すでにこのころからその片鱗を見せていたのだった。

札幌農学校への入学

15歳になった明治10年（1877年）には、現在の北海道大学農学部の前身である札幌農学校に二期生として入学する。稲造少年ほどの俊才であれば、当時からすでにエリートコースであった法律学・政治学などの文系分野に進むことも選択肢として十分にありえたはずだが、なぜ進路に札幌農学校を選んだのだろうか。理由は大きく四つ考えられる。

第一に、一家代々の事業である農地開拓を引き継ぐためである。幼少時代、明治天皇が東北巡幸中に新渡戸家で休息された際に、直々に稲造少年に「父祖伝来の生業を継ぎ農業に勤しむべし」という趣旨の言葉をかけられたという逸話が残っていることからも、早々に自らの進むべき道を農学に狙い定めていたのかもしれない。

第二に、札幌農学校そのものの魅力である。東京大学よりも一年早く発足し、日本で最初に学士号を授与した学校で、当時としては最高レベルの四年制の高等教育機関であった。授業科目は幅広い分野にわたっており、農学分野の科目やその基礎となる動物学、植物学などの自然科学系にとどまらず、英語、倫理学、文学、経済学など、人文・社会科学系の科目も含まれていた。さらに、入学すれば官費生となって、学費はもちろんのこと、生活費の一切までが支給される制度となっていた。家計の経済的負担を軽減させることも一因に挙げられるであろう。

第三に、先輩・佐藤昌介の存在である。稲造よりも7歳年長で、後に北海道帝国大学初代総長となる彼は、稲造と東京英語学校で出会った。故郷は花巻で、盛岡と距離的に近いことも、二人が打ち解け、親交を深めるようになった大きな要因であったろう。そして、稲造に先立って第一期生として札幌農学校に入学していた。新渡戸家では「佐藤さんのようになれ」が処世訓とまでなっていたとも言われ、稲造も彼を慕い、追うように札幌農学校に入学したことは否定できない。

第四に、実学志向である。東京英語学校時代、文部省から来たばかりの若い教諭から「社会を良くするために必要なのは科学の知識だ。法律や政治だけでは西洋に勝てない」と聞かされたことも、科学かつ実学としての農学を学ぶ後押しになったようだ。

札幌農学校の同期生には、『余は如何にして基督信徒(キリスト)となりし乎(か)』『代表的日本人』などの名著を遺した宗教家・内村鑑三をはじめ、そうそうたる人物がいた。また、札幌農学校といえば「少年よ、大志を抱け」の名言で有名なウィリアム・クラーク博士を誰もが想起するだろうが、一年契約で教頭（事実上の校長）として赴任していたが故にすでにアメリカに帰国していたため、稲造ら二期生とは入れ違いであった。

キリスト教の感化

クラーク博士が札幌農学校を去った後とはいえ、稲造はクラーク博士から間接的ながらも大きな影響を受けることとなった。

クラーク博士は一期生に対して倫理学の講義の一環で聖書を講じ、その影響で先輩・佐藤を含めた一期生のほぼ全員がキリスト教に入信していた。稲造ら二期生も、入学早々一期生からの伝道により続々と入信していった。農学校入学前からキリスト教に興味を持ち、自分の英語版聖書まで持ち込んでいた稲造も、クラーク博士が残していた「イエスを信ずる者の誓約」に入学早々署名した。その内容は、キリストの教義を守り、互いに助け合い励まし合うために、「イエスの信徒」と称する団体を組織し、毎週一回以上集まって聖書や教義について勉強し、祈祷会を開くことを誓約するというものであった。

こうして稲造らは、第一期生に導かれるようにして、毎週日曜日の午前に特別集会を開いて聖書研究を行い、信仰を深めていったのである。なお、稲造が洗礼を受けたのは、メリマン・ハリスというメソジスト系の宣教師であった。メソジスト派とはキリスト教派の中でもプロテスタントに属する。

後年、『武士道』を遺すこととなる稲造が、一見すると武士道と程遠いプロテスタントを信仰していたのは意外なようにも映るが、その禁欲的で高い理想を掲げる倫理観や使命感のもとに質素倹約を旨とし、自立、自主、勤勉、正直をモットーとする「自己の確立」を養成するものである点、武士道とは極めて高い親和性があるのだ。

話はやや脱線するが、内村鑑三も、同じようにキリスト教徒でありながら武士道を愛し、武士としての矜持をもって生きた人の一人であった。現に、彼の回心への自叙伝『余は如何にして基督信徒となりし乎』において、「自分の場合、武士道という精神的土壌が、接木における台木となり、その台木に基督教が接木されたにすぎない」と告白しているぐらいである。さらに『聖書之研究』における一章「武士道とキリスト教」においても、「正直、勇気、恥を知る。これら武士の道とするところは、実は神がその道とするところでもある。日本武士は、その正義と真理のために生命の惜しまざる犠牲の精神に共鳴して、神の道に従った。そして澤山保羅、本多庸一、木村熊二、横井時雄のような純然たる日本武士信者を出した。彼らはイエスの武士的気質にひかれて、その従僕となったのである。（中略）だから日本武士は、最上のキリスト信者を作り得るのだ。武士道ある限り、日本は栄える」と語っている。

要するに、彼らは武士道を幼きころより道徳律として叩き込まれていたために、キリスト教と武士道がその徳目において二律背反するものではないことを理解すると、武家社会が崩れて「君主」がいなくなってからは、その代わりとして「神」という新しい主（あるじ）を得た、ともいえるのである。

苦悩・煩悶の日々

さて、話を戻す。こうして運命に導かれるように札幌農学校に入学し、キリスト教に入信した稲造であったが、彼の農学校生活は必ずしも順風満帆ではなかった。

入学時こそ活発でやんちゃであったが、キリスト教を深く勉強しようとすればするほど、信仰上の悩みを抱えるようになったのである。神の存在を理屈で理解しようとしても答えが見つからず、クリスチャンとしての自分に心から納得できないところがあって悩み続けた。答えを見つけようとしては本を読み耽り、ついには図書館にある本の全てを読んでしまうほどであったという。「アクティブ（活発な）」と呼ばれていた稲造が、ついには「モンク（修行僧）」とあだ名されるまでになった。

後年に自らが「神経衰弱になって」と語っているが、稲造とゆかりのあった札幌生まれ盛岡育ちの作家・石上玄一郎氏や、『武士道』の批判、訂正を稲造本人から期待された精神科医・神谷美恵子氏は、その躁鬱病を指摘している。特に神谷氏は専門家の立場から、祖父の代にまでさかのぼる遺伝的素質にまで言及してそのように診断している。もしそうであるとすれば、この精神上の病は、札幌農学校時代、キリスト教と真剣に向き合うことを契機に始まったと言えそうである。

孟子の言葉に「天の将に大任を是の人に降さんとするや、必ず先ず其の心志を苦しめ、其の筋骨を労せしめ、其の體膚を餓せしめ、其の身行を空乏せしめ、其の為さんとする所を拂乱せしむ」（告子章句下）とある通り、天が稲造に後年の名著を生ませるために与えた試練であったように、私には思えてならない。

実際、稲造は精神上の試行錯誤を繰り返す過程で、イギリスの歴史家であるトーマス・

カーライルの思想に出合う。「大事なのは行為であって、思索ではない。今自分が何をなしうるかを考え、それに向かって全力を尽くせ」というカーライルの言葉が、稲造の心に火をつけた。頭でっかちになってばかりでいてはだめだ。自ら考えた結果、正しいと思ったことは、実行して初めて価値があることを悟り、自らそれを実践するようになっていった。

稲造はカーライルの思想に大きな影響を受けた。特に「宇宙のあらゆるものは一時的な衣装に過ぎず、動かぬ本質はその中に隠れている」と考える『衣装哲学』は稲造の座右の書となり、生涯に何回も読み直したという。

本人が後に「札幌は私の魂のふるさとである。札幌は私の人間を造ってくれた。もしあの時、札幌に行っていなければ、私は世俗的には成功したかもしれぬが、おそらく軽薄な才子として一生を送ったであろう」と述懐しているように、人格形成の過程において、札幌農学校時代の四年間がいかに重要であったかがうかがえるエピソードではないだろうか。

「太平洋の架け橋」の胎動

農学校卒業後は、国策により級友たちとともに上級官吏として北海道庁に採用され、畑の作物を食い散らすイナゴの異常発生の対策の研究等をした。さらにその後、創立後間もない帝国大学（後の東京帝国大学、東京大学）の文学部に選科生として入学した。

帝国大学の入試面接において面接官から入学後に何を学びたいか問われた際に、稲造は「農政学をやりたいと思うが、そういう学問はまだないようなので、そのために必要となる経済、統計、政治学をやりたい。それから英文学も勉強したい」と答えた。すかさず面接官から「英文学をやってどうするのか」と問われると、「太平洋の架け橋になりたい。日本の思想を外国に伝え、外国の思想を日本に伝える媒酌になりたいのです」と答えたとの逸話が残っている。「我、太平洋の架け橋たらん」を生涯のテーマに掲げ、見事に実践された稲造は、このころにはすでにその志が確立していたのだ。

かくして帝国大学に入学した稲造であったが、当時の帝国大学は、同じく当時の農学校に比べ、彼の知的探求心を満たすだけの研究レベルに達していなかったため、一年目の終わりをもって退学した。明治17年（1884年）、22歳の稲造は、養父の太田時敏氏と長兄七郎氏による経済的援助を受けていよいよ太平洋を越えてアメリカに私費留学し、ジョンズ・ホプキンス大学にて歴史学を学んだ。このころまでに稲造は伝統的なキリスト教信仰に懐疑的になっており、クエーカー派の集会に通い始め、正式に会員となった。

クエーカー派とは、正式にはフレンド派と言い、先述のメソジスト派と同様に、キリスト教派の中ではプロテスタントに属する。伝統的キリスト教にあるような教説や洗礼、聖歌といった儀式めいた作法に重きは置かれず、集会ではひたすらに黙座瞑想し、直接神霊に交わろうとするのがこの教派における信仰の特徴である。

こうしたクエーカーたちとの親交を通して、後に妻となるメアリー・エルキントン氏（日本名・新渡戸万里子）と出会う。その出会いのきっかけとは、稲造が現地で日本についての講演をした際に、メアリー氏が聴衆の一人であったことだったという。彼女は稲造よりも5歳年上の聡明な女性であり、単に同じクエーカーを信仰するというだけにとどまらずに、当初からお互い魅かれ合うものを感じたようだ。

後年、稲造が『武士道』を著す直接的端緒となったのが「なぜ日本人はこのような考え方をするのか」「なぜ日本にはこのような風習があるのか」というメアリー氏との日常的会話であったことが、その序文で示されている。こうした国籍の異なるパートナーとの会話を通じて、異国人から見た日本や日本人への疑問点や関心事を把握し、日本対欧米諸国の比較文化論のヒントを得ていったに違いない。その意味で『武士道』はメアリー氏との共同合作とも言え、メアリー氏の存在なしにはこの名著も生まれなかったのかもしれない。

ドイツへの留学とド・ラヴレーとの会話

札幌農学校の校長事務取扱となっていた先輩・佐藤昌介からの推薦を受け、稲造は母校・札幌農学校の助教授に任命された。そのため彼はジョンズ・ホプキンス大学を中途退学して、農政学を学ぶために官費で三年間、ドイツへ留学する運びとなった。

当時のドイツでは大学間の移動が簡単にできる制度になっており、三年の留学期間中、ボン大学、ベルリン大学、ハレ大学の三つの大学をまたいで学問を深めていった。

このドイツ留学の期間中に、とある人物との会話をしたことが、後年『武士道』を著す契機となった。とある人物とは、ド・ラヴレー氏である。稲造は『武士道』序文で次のように語っている。

「私はベルギーの法学大家故ド・ラヴレー氏の歓待を受けその許で数日を過ごしたが、或る日の散歩の際、私どもの話題が宗教の問題に向いた。『あなたのお国の学校には宗教教育はない、とおっしゃるのですか』と、この尊敬すべき教授が質問した。『ありません』と私が答えるや否や、彼は打ち驚いて突然歩を停め、『宗教なし！　どうして道徳教育を授けるのですか』と、繰り返し言ったその声を私は容易に忘れない。当時この質問は私をまごつかせた。私はこれに即答できなかった。というのは、私が少年時代に学んだ道徳の教えは学校で教えられたのではなかったから。」

稲造がド・ラヴレー氏との会話に、いかに衝撃を受けたかが伝わってくる文章ではないだろうか。欧米諸国においては、子女への道徳教育を施す際には、キリスト教をはじめとした宗教上の教義がその土台となっている。一方、日本においては、道徳教育において土台となっている宗教は思い当たらない。稲造が即答できなかったのも無理はなかっただろうが、この時を境に稲造の頭の中でしこりが生まれ、ド・ラヴレー氏の質問に満足に回答するための思索が始まったのである。

また、ドイツ留学期間中も、アメリカで出会ったメアリー氏と頻繁に手紙のやりとりが交わされ、彼女との信頼関係を育んでいった。その関係はいつしか恋愛感情を伴うものへと変わっていき、ついに二人は結婚を決意するに至る。

札幌でのメアリーとの結婚生活

国際結婚が現代よりもはるかに珍しかった当時、二人の結婚に強く反対する声も多かった。しかし、二人の決意は固く、周囲の反対を押し切る形で明治24年（1891年）の元日、稲造28歳、メアリー氏33歳の時に、フィラデルフィアのフレンド派集会場にて結婚式を挙げた。

同年、稲造は晴れて札幌農学校に着任し、北の大地で二人の新婚生活が始まった。翌年には長男が誕生し、敬愛するトーマス・カーライルにちなんで遠益（トーマス）と名付けた。

このように幸福の絶頂にいた稲造・メアリー夫妻であったが、悲しいことに生後九日で遠益は亡くなってしまう。さらに追い打ちをかけるように、悲しみに暮れて産後の肥立ちも悪く、メアリー氏は病床に伏してしまう。

そして、遂に稲造自身も脳神経衰弱症を患い、農学校を休職して療養せざるを得ない状況になってしまう。札幌に戻ってきた当初から右腕の痛みを訴えていたが、35歳になるころには全身を動かすことすら不自由になってしまった。長男の夭折、妻の病気、そして自らの身体の不自由と、不幸が続いたことも精神的負担となり、体調のさらなる悪化に繋がってしまったのかもしれない。

カリフォルニアでの療養と『武士道』の誕生

稲造は病気療養のために、寒い札幌を離れ、温暖な地域に居を移すこととした。鎌倉、沼津と療養先を移ってゆくが、彼の体調が回復することはなかった。

そこで、妻の勧めもあり、思い切って日本を離れ、アメリカ西海岸の気候温暖なカリフォルニアで療養生活を続けることとした。このカリフォルニアの地でゆっくりと思索する時間を得た稲造が、秘書アンナ・C・ハーツホーン氏に口述筆記させる形で誕生したのが『武士道』初版である。明治33年（1900年）、稲造38歳の時であった。実にド・ラヴレー氏との会話からは12年、結婚からは9年の年月が経過している。この長い年月を経て、日本人の倫理道徳および美意識を支える根本思想は武士道にあり、それが世界的に通用する善性を発揮し、随所にキリスト教やヨーロッパの騎士道をはじめとした西洋的倫理道徳観と類似点があることに稲造は気づき、文書として体系的に論証してみせた。

ちなみに、口述を筆記した秘書ハーツホーン氏は、日本では十分知られていないながらも偉大な人物である。クエーカーの信仰から生まれた日本の女子教育の礎（いしずえ）となる普連土女学校（現在の普連土学園）、さらに稲造、樋口一葉に続き新たに五千円札の顔となる津田梅子の津田英学塾（現在の津田塾大学）の創立にも関係している。そして、ハーツホーン氏その人こそが、『武士道』の執筆を稲造に勧めたのである。

稲造は、語る前に、まずクエーカーの伝統的遺産である瞑想によって頭脳を整理し、その後一気に語り出す。それをハーツホーン氏が筆記する。それゆえに『武士道』の章の終わりと、次の章の始まりは連続するような文体になっており、口述の息遣いが伝わる迫力のある構成に仕上がっているのである。

こうして日本の道徳思想と文化を世界に発信するために英文で出版された『武士道』は、日清戦争の勝利により我が国に対する国際的関心が高まったことも相俟（あいま）って、ポーランド、ドイツ、ノルウェー、スペイン、ロシア、イタリアなどの各国語訳版も出版され、世界的ベストセラーとなった。そして、海外に多くの知日派・親日派を生むという功績を遺した。

明治38年（1905年）には増訂版が出版され、各章に見出しが付けられ読みやすくなるとともに具体的な実例が追加されるなど、全面的にボリュームアップ、グレードアップが図られた。初版の出版から8年が過ぎた明治41年（1908年）には、稲造の友人である桜井鷗村氏の翻訳による日本語版も出版された。

余談ながら、日露戦争の終結において仲介役を務めたアメリカ大統領セオドア・ルーズベルトも、この書の愛読者であったという。日露戦争の終局にあっては、両国ともに戦争の継続が困難な状況にあったとはいえ、戦争が長引くほど日本にとって戦況はますます不利になっただろうと考える戦史家も多い。もし、ルーズベルトが『武士道』を読んで親日に傾き、そのおかげで日露講和に一役買ってくれたのだとしたら、『武士道』は近代日本の命運を担った一冊であったと言っても過言ではない。

一章のまとめ

ド・ラヴレー氏から日本に宗教教育がないにもかかわらず、どのように子女に道徳教育を授けるのか問われ、即答ができなかったこと、また、常日頃から妻に日本人の思考や日本の慣習について問いかけを受けてきたことの二点が、稲造の『武士道』執筆の端緒であった。

そして、世界とりわけ欧米諸国の人々に対して日本の道徳思想と文化を伝えることを主たる目的として『武士道』は書かれた。

もともと武士階級の出身である稲造が、幕末から明治にかけて制度や人々の価値観が大きく転換していく時代のさなか、当時トップレベルの教育環境で同胞とともに自己研鑽し、キリスト教やトーマス・カーライルなどの西洋思想にも触れることで、武士道精神と西洋思想の両方の造詣を深めてゆく。いつしか太平洋の架け橋となることを志した稲造は、アメリカ、ドイツの留学、さらにはメアリー氏との結婚を経て、実際に欧米人との触れ合いを重ねることで、欧米諸国から見た自国の思想・文化の特性をより鮮明に捉える機会を得てきた。

幾多の苦悩や悲しみも味わいながら、療養先として赴いたカリフォルニアの地で、彼の半生で培われた知識と経験が結晶化し、一つの作品として完成したのである。

補論：広義の武士道に対する稲造の『武士道』について

もともと武士とは、平安時代後期から本格的に成立した階級であり、その本質は、自らの土地と一族を守るために戦う戦闘のプロフェッショナルである。したがって、戦闘者としての心得や心構えを説く規範こそが本来的意味での武士道と言える。

江戸期に入って、江戸初期の軍学者小幡景憲による軍学書『甲陽軍鑑』、また兵法書としては柳生宗矩の『兵法家伝書』（１６３２年）や宮本武蔵の『五輪書』（１６４３年）といった武士道書が現在の世にも残されているが、これらは戦闘者としての武士のあるべき行動や、身につけるべき技能が主題である点で、より本来的な意味での武士道を表す書物になっている。

しかしながら、徳川幕府の成立以降、争乱のない太平の世が到来したことで、戦闘のプロフェッショナルとしての武士の本質は変わらないながらも、その社会的意義は日に日に薄れていった。こうした時代の移り変わりを背景に、当時の武士たちは次第に自らのアイデンティティーを、戦闘以外のところに求めていった。その向かった先が、道徳である。武士は自ら産業には従事しないものの、農工商の三民よりも上位に立ち続ける者として、彼ら三民、すなわち庶民に、人間としてのあるべき模範を、態度や行動として示すことであった。

武士道書が書かれて２００年以上の年月が経過した幕末期、稲造が武士の子として、より道徳的側面につき厳しい教育を受けたことも影響し、『武士道』も、戦闘者の心得というよりは、道徳的な生き方を主題としている。それゆえに、稲造の遺した『武士道』は、必ずしも武士道の本来的な意味も含めた、あらゆる要素を盛り込んだものではない点に、我々後世の日本人は十分に留意すべきである。

しかし、だからといって『武士道』の価値が低下するものでは一切ない。すでに述べた通り、稲造がこの書を書いた目的は、世界の人々に日本の道徳思想と文化を伝えることである。つまり、読者対象が上述の武士道書とは根本的に異なるから、当然ながら内容も「武士はいかにあるべきか」ではなく、「武士道に基づく道徳とはいかなるものか」を解説するものになっている。それゆえに彼は独自の判断で武士道的要素を取捨選択し、近代的道徳に結びつく点のみを慎重に紡いだのである。そうしたからこそ、むしろ『武士道』は世界的な評価を受け、近代における武士道の再構築として最も意義ある著作となったのだ。

二章

武士道の徳目

「義」「勇」「仁」「礼」「誠」、そして「名誉」「忠義」

いよいよ「コンテンツからの学び」に入る。当時の外国の人々向けに書かれた書であるが、現代に生きる私たち日本人が読むことで、我が国に連綿と受け継がれてきた伝統的精神を学び直せる。

『武士道』は、「第一章　道徳体系としての武士道」「第二章　武士道の淵源」「第三章　義」「第四章　勇・敢為堅忍の精神」「第五章　仁・惻隠の心」「第六章　礼」「第七章　誠」「第八章　名誉」「第九章　忠義」「第十章　武士の教育および訓練」「第十一章　克己」「第十二章　自殺および復仇の制度」「第十三章　刀・武士の魂」「第十四章　婦人の教育および地位」「第十五章　武士道の感化」「第十六章　武士道はなお生くるか」「第十七章　武士道の将来」で構成されている。

稲造は本書において明らかにしたいこととして四点の目的を挙げている。すなわち、「第一に武士道の起源および淵源、第二にその特性および教訓、第三にその民衆に及ぼしたる感化、第四にその感化の継続性、永久性」である。以上四点の目的別に章立てを分類すると、第一の目的には第二章、第二の目的には第三章から第十四章まで、第三の目的には第十五章、第四の目的には第十六章と第十七章、となる。

以降、各章の要約とともに私なりの現代的解釈も併せて示していきたい。

第一章　道徳体系としての武士道
——BUSHIDO AS AN ETHICAL SYSTEM

稲造は、『武士道』を、「道徳体系としての武士道」という章から書き始めている。当時、外国人は、日本の「サムライ」は、大小日本の刀を差し、すぐに大きい方の刀を抜いて人を殺傷しようとする野蛮な戦士だという認識が一般的だった。稲造がこの書物を書いた動機には、まず、そういう誤解を解くことがあった。

冒頭の一文は、武士道を「桜の花」にたとえた有名なものである。

「武士道chivalryは、その表徴たる桜花と同じく、日本の土地に固有の花である」

これは、本居宣長の「敷島の大和心を人問はば朝日に匂う山桜花」という和歌を下敷きにしたものだが、宣長の場合は「大和心」すなわち日本人の心の象徴としたものを、稲造は「武士道」の象徴としている。これには留意しておきたい。

冒頭で、「武士道」はシヴァルリー（chivalry）と英訳されている。稲造は、武士道を、ヨーロッパの騎士道（chivalry）と類似した道徳、あるいは身分、生き方だと紹介し、その上で、「ブシドウ」は単に「騎士の倫理」というよりも深い意味があるとする。

「ブシドウは字義的には武士道すなわち武士がその職業においてまた日常生活において守るべき道を意味する。一言にすれば、『武士の掟』、すなわち武人階級の身分に伴う義務（ノブレス・オブリージュ noblesse oblige）である」

武士は、直接的生産に従事しない支配階級に属していたがゆえに、「正しい人間の道」ともいうべき倫理規範を身につけ、庶民になり代わって社会の平安と秩序を守り、「民の模範」となるよう、それを実践して生きることを義務付けられたものだった。

今日流に言うなら、現在の我が国をリードする指導者層の立場にある人々が保持しなければならない「上に立つ者の義務」と言っていいだろう。

このノブレス・オブリージュは、もともとがフランス語であることからもわかる通り、何も日本固有の概念ではない。中国における「士大夫」、イギリスにおける「紳士道」、西洋における「騎士道」などもその基本は同一である。古今東西を問わず、君主政治であろうと、民主政治であろうと、それを中枢で堅持するのは選ばれたエリートたちの見識、人間的素養、道徳的気風にかかっており、それが欠けたらいかなる体制も内部から崩壊してしまうのである。

換言すれば、治世のシステムは、いかにこのエリートを育てるかにかかっているとも言える。江戸時代の日本ならそれを支えたのが武士であり、その精神が武士道だったのである。

ノブレス・オブリージュという言葉の意味は、貴族ないしエリートたる者は、その名にふさわしい強靱な体と精神を維持し、つねに高貴な態度で振る舞い、庶民の上に立つ者として、彼らの生命と財産を守るために戦う義務を負う、というものであるため、武士道と同じ概念であると言っていい。

もともとこの言葉は、フランスの文学者レヴィン公（ガストン・ピエール・マルク）が、『諸種の主題についての格言と省察』の中で、「名家の父祖の武勲を誇りとする民衆がある限り、子孫たる者はその名残が期待されていることを知らねばならない。（中略）しかるに、貴族は義務を負う」と使ったのが最初である。いわば貴族はその称号を受け継ぐ以上、家名を辱めてはならないとの自戒の意味で使ったのが原義であった。

やがて、それをスペインの哲学者オルテガが、自著『大衆の反逆』（１９３０年）の中で、自らに義務を課する高貴な生き方として、ノブレス・オブリージュの復権を主張したことから、現代のエリートたちが使命として守るべき義務として頻繁に使われるようになったのである。

したがって、こうした義務や責任は、指導者として上に立つ者、すなわちエリートがエリートたるべき義務として保持しなければならない倫理規範（エートス）として誕生したものだったと言える。

そして、武士道の基本的な性格については、「武士が守るべきことを要求されたるもの、もしくは教えられた道徳的原理の掟」であるが、文字に書かれた成文法ではなく、「せいぜい、口伝により、もしくは数人の有名なる武士もしくは学者の筆によって伝えられたる僅かの格言があるにすぎない」ものだとする。

しかし、武士道は、語られず、書かれてもいない、いわば不言不文の掟であり、武士一人ひとりの心の内面に刻印された律法だからこそ、「実行によって一層力強き効力を認められているのである」。それは、数十年数百年にわたる武士の生活から有機的に発達してきた勇猛果敢な「戦闘におけるフェア・プレイ」のルールであった。

このように稲造が言うように、「武士道」は、明文化されたものではなく、何かはっきりとした決まりがあってそれを守っていればよい、というものではなかった。そのため、武士としての掟を守ってきたつもりでも、「臆病」であるとか「卑怯」だという評判が立てば、切腹して身の潔白を立てないといけなかったのが江戸時代の武士であった。

そして、それは、有名な武士や学者が書いたいくつかの格言によって成り立っているとしても、これを読めば「武士道」がわかる、というような書物は少ない。強いて言えば、『名君家訓』や『武道初心集』など、山鹿素行の「士道論」の系譜に連なる一般の武士向けの教訓書がそれにあたるが、武士がその生活において強制されている「道徳の掟」とは微妙にずれるものであった。

第二章 武士道の淵源 ——SOURCES OF BUSHIDO

武士道の思想的起源として、稲造は、仏教（とりわけ禅宗）、神道、および儒教に求めている。

まず仏教が武士道にもたらしたものは、「運命に任すという平静なる感覚、不可避に対する静かなる服従、危険災禍に直面してのストイック的なる沈着、生を賤（いや）しみ死を親しむ心」であり、神道は、他の宗教では教えられることのなかった「主君に対する忠誠、祖先に対する尊敬、親に対する孝行」を教え、「武士道の中に忠君愛国を十二分に吹き込んだ」

のである。

道徳的な教義については儒教がその中心となった。とりわけ儒教の祖である孔子から学んだことは、「君臣、父子、夫婦、長幼、ならびに朋友間における五倫の道」である。ただしこれは、彼の著作によると「経書が中国から輸入される以前から我が民族的本能の認めていたところであって、孔子の教えはこれを確認したに過ぎない」もので、こうした倫理は日本にもともと存在していたと主張する。

そして、稲造は、孔子の教え以上に孟子の思想を重視した。

「孟子の力強くしてかつしばしばすこぶる平民的なる説は、同情心ある性質の者には甚(はなは)だ魅力的であった」

これは、吉田松陰の『講孟余話』など、彼らが好んで孟子の著作を解説していることからも首肯(しゅこう)できる議論である。

かくして、孔孟の書は「青少年の主要なる教科書」となり、また大人にとっては「議論の最高権威」となっていった。ただしこの点において、まさしく字義通りに「論語読みの論語知らず」に堕することのないよう、大いに注意が必要である。江戸時代中期の儒学者・三浦梅園が喝破した通り、「知識はこれを学ぶ者の心に同化せられ、その品性に現れる時においてのみ、真に知識となる」のである。このように武士道では、「知識のための知識」は軽んじられる。そのような知識ばかりを蓄積し、地に足の着かない空理空論を振りかざすだけで中身の伴わない者は、「注文に応じて詩歌名句を吐き出す便利な機械」とされ、軽蔑の対象になると警鐘を鳴らす。インターネットによる検索技術の高度な発達により、数多の情報の中から必要なものが正確かつ瞬時に整理され、手元に届けられる現代にあっては、「便利な機械」どころか、「出来損ないの機械」の烙印を押されそうで、私も身につまされる思いである。「真理の探究」と「人格の陶冶（とうや）」という、学問の二つの目的に適（かな）った学びを続けているか、あるいは、単に知識（knowledge）を獲得するにとどまらず、学問を通じて獲得した知識を知恵・英知（wisdom）に転換できているか、私たちも今一度振り返りが必要なようだ。

さて、話を戻そう。武士道の三つの思想的起源のうち、神道こそは我が国元来のものである一方、仏教と儒教は、いずれも大陸から伝来したものである。日本人は海外の思想、文化、技術を取り入れ、自国にもともとあったものと融合させて、さらに発展・改善させてきた。ちなみに江戸時代初期の兵学者で「士道論」を提唱した山鹿素行は、この特質・

能力を「天縦（てんしょう）の神聖」と評している。つまり、天のほしいままになせるところの神聖、天の神秘な動きだという。

稲造の卓見に従えば、武士道もまさしく天縦の神聖が発現された結果、これらの異なる思想が多少の矛盾を残しつつも相互に補い合って見事に融合し、この国で花開いた、誇るべき思想と言えよう。

第三章　義　――RECTITUDE OR JUSTICE

次いで稲造は、武士の徳目を解説していく。まず一番に取り上げられるのは「義」である。「義」とは、正義のことで、「義は武士の掟中最も厳格なる教訓である。武士にとりて卑劣なる行動、曲がりたる振る舞いほど忌むべきものはない」と語っている。武士として踏み行うべき道を指し、人間の身体にたとえれば骨にあたる。骨がなければ、人間は立つことができない。才能があっても、学問があっても、「義」がなければ世の中の役に立つことができないのである。つまり、「義」は、武士にとって学問や知識、技能、才芸よりも大事な精神のバックボーンということだ。

そしてその本質は、次のように卑怯な行動を排し、正しい行いを心がけるということである。

「義」は日本の古典だけでなく、聖書の中でも重要な語として用いられている。世の人々が混迷の中にいるとき、正義が蔑ろにされ、邪悪や不正、嘘や偽りがはびこり、平穏な秩序ある世界など築くことは到底不可能である。したがって、正しい方向へと導くリーダーが必要でありながら、義は社会的に不利になることも多い。「義のために迫害された人々は幸いである。天の国はその人たちのものである」と、イエスの福音の中でも義は重要な役割を担っていた。

一方、我が国においては西洋以上に「義」が重んじられた。特に江戸中期あたりから太平の世が実現し、戦闘によって人民を守るという武士本来の役割期待が薄まってゆくに従い、武士に人民の模範となることが要求されると、その実践者として何よりも「義」を遂行することが義務付けられた。したがって武士道では、徹底的に何をもって正しいことと判断するかの「義の精神」を教え、彼らの行動判断の基準をこの「義」に置き、その行動の中に「義」があるかないかを常に問われることになる。

しかしながら、この「義」を遂行することは、口で言うほど簡単なことではない。なぜならば、純粋な義の遂行のためには、打算や損得を完全に排除しなければならないからだ。
孟子は、「士は窮しても義を失わず、達しても道を離れず。窮しても義を失わざるが故に士己を得、達しても道を離れざるが故に民望みを失わず」（盡心章句上）と説く。すなわち、「士は困窮しても義に外れることはないし、栄達しても道から離れることもない。困窮しても義に外れることがないからこそ自らの本分を全うすることができ、栄達しても道から離れることがないからこそ人々の期待を裏切ることもない」として、社会的に認められずに低い地位にいようが、経済的に困窮していようが、常に淡々と「義」を遂行することこそが士たる者の本分であるという。

現代において主流となっている西洋起源の経済学や経営学、企業財務論といった合理性・効率性追求型の社会科学は、究極的には「どうすれば利潤が最大化されるか」や「どちらが金銭的に儲かるか」の打算や損得勘定が全てである。これに対し、武士道における「義」の精神は、上述の通り「何が正しいか」という、普遍的な良心の掟に基づく価値を判断基準にする、いわば不合理・非効率な精神である。

それゆえに、この「義」を遂行するためには、よほどの自律心を養わなければならない。

武士道の基本的精神に自律心があったのはそのためである。

第四章 勇・敢為堅忍の精神 ——COURAGE, THE SPIRIT OF DARING AND BEARING

武士道は、義を貫くために勇を必要とした。それゆえに義の次の章に勇をもってきている。

勇気は、義のために行われるのでなければ、徳の中に数えられるにほとんど値しない。孔子は『論語』において、その常用の論法に従い消極的に勇の定義を下して、「義を見て爲さざるは勇なきなり」と説いた。この格言を積極的に言い直せば、「勇とは義しきことをなすことなり」である。

義が自らの良心に従って、正しいこととは何かを判断・定義することであるのに対し、勇とはいかなる困難が生じようとも、その義を果敢に実行することなのだ。孟子は「自ら反みて縮ければ、千萬人と雖も吾往かん」（自分があくまでも正しいと思うときは、たとえ相手が千万人であろうとも、断じてあとへは一歩も退かぬ。公孫丑章句上）と言った。

また、「志士は溝壑に在るを忘れず、勇士はその元を喪うを忘れず」（透徹した志を持って節操を守る士は、困窮することはもとより覚悟の上で、いつか飢え倒れて溝や谷に落ちて野垂れ死ぬことも念頭に置いて忘れることがない。勇士は、戦場で討ち死にすることはもとより望むところであるから、いつか首を取られることも念頭に置いて忘れることがない。滕文公章句下）と、志を掲げ、勇を実践する者の心構えを説いた。

さらに、王陽明は孟子の思想を汲んで、頭の中で思い描いた知恵や理想は実践を伴わなければならないとする「知行合一」を説いた。稲造が「義と勇は双生児の兄弟」と表現したのは、武士道においてはこれほどまでに両者は一体不可分だからなのだ。

吉田松陰が、従弟の玉木彦介に贈った武士たる者の七か条として「士規七則」がある。その一か条に「士道は義より大なるは莫し、義は勇に因りて行われ、勇は義に因りて長ず」とある。武士道において義よりも大事な徳目はなく、勇があるからこそ義が実行され、義があるからこそ勇がますます発揮される、ということである。これは『武士道』で直接紹介されているわけではないものの、稲造の主張を裏付ける内容と言える。

こうして、武士の家庭では、例えば寒さ厳しい早朝の素読の稽古に素足で通ったり、現代で言う肝試しのような方法により、「時には残酷と思われるほどの厳しさをもって」幼少期より日常的に、勇の元となる「胆力」が鍛えられた。まさに「獅子は我が子を千尋の谷に突き落とす」がごとくに、である。

ただし、ここで注意すべきは、正義のために振るわれるのではない勇は、美徳ではないという点である。ただやみくもに死に向かっていくような勇敢さは、勇気とは言わない。武士道にありては「死に値せざる事のために死するは、『犬死』と賤しめられた」のだった。徳川光圀公（水戸光圀）が「生くべき時は生き、死すべき時にのみ死するを真の勇とはいうなり」との言葉を遺したように、「命の賭けどころ」は決して見誤ってはならないのである。

ちなみに、『武士道』と並んで現代も読み継がれる武士道の書に、山本常朝が口述した『葉隠』がある。「武士道と云ふは死ぬことと見つけたり」は、その最も有名な一節と言っていいだろう。刺激的なフレーズであるがゆえに、率先して死地に赴く気概こそが武士道精神と解釈されることが多いようだ。しかし、光圀公や松陰の言葉からもわかる通り、武士たる者は常に死を覚悟しながら生きなければならないという心構えを説いており、死を求めているわけではない。その意味で、『武士道』の本章で論じられていることとは矛盾するものではないと言える。

第五章　仁・惻隠の心
——BENEVOLENCE, THE FEELING OF DISTRESS

勇の精神が心に定着すると、平静となって現れる。肝の据(す)わった本当に勇敢な武士は、常に平静なのである。さらに、その勇敢さがそうした高みに達すると、「仁」に近づく。「仁」は、愛情、寛容、他者への情愛、同情、憐憫(れんびん)という最高の徳だとする。そしてそれは王者の徳であり、王者の職分にふさわしいものとされる。

事実、孔子が数ある徳の中で最も重んじたのが、この「仁」であった。孔子本人は、仁とはこういうものだと明確に定義していないものの、『論語』の中で弟子たちから仁とは何かを尋ねられた際には、説く相手の理解力や状況に応じて「己の欲せざる所は人に施すこと勿(なか)れ」「人を愛す」（ともに顔淵第十二）などと回答しているのは、仁を理解するヒントとなり得るであろう。

ちなみに、仏教で釈迦は「慈悲」を説いているし、キリスト教を貫くのは「愛」の教えだ。「仁慈」「仁愛」「慈愛」という言葉があるように、この「慈悲」も「愛」も、「仁」と同義と捉えれば、孔子も釈迦もキリストも、人々に指し示す方向性は全く同じと言えないだろうか。その証拠に、『武士道』の第十七章でも、神道、孟子、王陽明が教えた「戦いの本能の下に、より神聖なる本能」として用いた言葉は、「仁」ではなく「愛」であった。読者の皆様からの見解を聞きたいところである。

なお、『武士道』では、「武士の仁愛が他の人間の仁愛と種別的に異なるわけではない。しかし武士の場合にありては愛は盲目的な衝動ではなく、正義に対して適当なる顧慮（こりょ）を払える愛であり、また単に心の状態としてのみではなく、生殺与奪の権力を背後に有する愛」と述べられていることから、孔子、釈迦、キリストの観念よりも、その意味する範囲はより限定的なものとなる。

ところで、章の副題である“The Feeling of Distress”は、矢内原忠雄教授により見事に「惻隠（そくいん）の心」と日本語訳された。今では耳慣れない言葉となってしまっているが、元は『孟子』の「公孫丑章句上」において登場する言葉である。例えば、よちよち歩きの子供が今にも井戸に落ちそうなのを見かければ、誰もが思わずはっとして急いで助けに行く。惻隠の心とは、こうした全ての人間が本能的に持っている憐れみの感情を言い、実は孟子の性善説思想の根底をなしている。

『武士道』では孔孟それぞれ、以上とは別の言葉が引用されているが、つまるところ「孔子も孟子も、人を治むる者の最高の必要条件は仁に存することを繰り返した」のであり、「孔孟共に、この王者たる者の不可欠要件を定義して、『仁とは人なり』（『中庸』第七章）と言った」点で両者の考えが共通しているという。

稲造は『武士道』第三章において、孟子の言葉「仁は人の心なり、義は人の路なり」（告子章句上。なお、離婁章句上にある「仁は人の安宅なり、義は人の正路なり」と解釈しても可）を紹介し、人の根源となる良心である「仁」と、そこから生まれる人としての正しい道（行動原理）である「義」とを対比させていたが、本章ではさらに「仁は柔和なる徳であって、母のごとくである。真直なる道義と厳格なる正義とが男性的であるとすれば、慈愛は女性的なる柔和さと説得性をもつ」と、わかりやすく描写している。

『武士道』が書かれた当時、東洋の国家は専制主義であるとして批判されていた。稲造は、その誤解を解くため、フレデリックの「王は国家の第一の召使である」という言葉が、かのアメリカ大統領ジョン・F・ケネディも敬愛した米沢藩主・上杉鷹山の「国家人民のために立てたる君にして、君のために立てたる国家人民には無之候（これなくそうろう）」という言葉と見事に意味内容が一致していることを指摘している。封建制は、必ずしも専制主義や圧政を意味するものではないのである。

また、一般の武士にも、敗者に対する「武士の情け」という徳があり、「弱者、劣者、敗者に対する仁は、特に武士に適（ふさ）わしき徳として称賛せられた」と解説する。その代表例として、一ノ谷の源平合戦における源氏側の壮年武士・熊谷次郎直実を登場させている。直実は、敗走する平敦盛（たいらのあつもり）をいったんは捕らえるものの、相手が親子ほども年齢の離れた若者であったことから、武士の情けで逃そうとする。しかし、自らの運命を悟った敦盛はこれを拒み、直実に首を差し出す。さらに味方の軍勢が近づいてきたこともあり、もはや逃すことはできまいと、直実は彼の求めに応じて泣く泣く首をはねる。このことを機に直実は凱旋後も武功を欲せず、出家して余生を仏僧として過ごす。能の有名な演目「敦盛」の下敷きとなった、日本人として知っておきたい平家物語のエピソードである。

第六章　礼　——POLITENESS

「礼」は、他人の気持ちを思いやる心の表れで、物の道理を正しく尊重することである。そしてそれは、社会的地位に対して相応の敬意を払うことを意味する。

それゆえに、礼に対する評価は高く、「礼の最高の形態は、ほとんど愛に接近する」と定義し、パウロの「コリント人への手紙一」の13章の有名な愛の賛歌を引用している。愛の代わりに礼を用い、『礼は寛容にして慈悲あり、礼は妬まず、礼は誇らず、驕らず、非礼を行わず、己の利を求めず、憤らず、人の悪を思わず』と言いうるであろう」として、礼が愛に通じることを強調している。

剣道、柔道、相撲、空手、弓道など、我が国を代表する伝統的武道はいずれも「礼に始まり礼に終わる」と言われる。現代では、武道にとどまらず、高校野球の試合開始、試合終了時の挨拶をはじめ、さまざまなスポーツにまで広がりを見せている。つまり、試合においては作法を守り、相手に対する敬意を示すことが重んじられているのだ。もしも勝者から礼が失われ、曲がった振る舞いがなされるとき、少なくとも我が国においては今も大きな批判にさらされることだろう。

２００６年、野球の世界一を決定する第1回ワールド・ベースボール・クラシック（WBC）において、予選ラウンドで日本は韓国に敗北を喫したことがあった。勝利した韓国の選手たちがピッチャーマウンドに韓国の国旗を立ててその喜びを表現し、日本は屈辱を味わった。しかしその後幸運もはたらき、日本は決勝ラウンドに進み、準決勝で再度韓国と対戦し、勝利する。だが、勝利した後も、日本の選手たちは相手に対する敬意を忘れず、マウンドに日の丸を立てて相手に屈辱を与えるという報復行為は誰一人としてしなかった。彼らの姿勢を、多くのファンは称賛した。後に本大会でも第2回大会でも優勝を果たし、「侍ジャパン」と呼ばれるようになった野球の日本代表チームによる武士道精神の表れに、私たちは今も本能的に共感し、感動するのだ。

こうした例にとどまらず、現代における我が国のあらゆるスポーツにも見られる作法や選手の態度、さらには選手を応援する多くのファンの姿勢からも、武士道の名残を感じることができるのではないだろうか。

第七章　誠　——VERACITY OR TRUTHFULNESS

「誠」は、礼を支える徳である。正直であることの意味合いを含んだ「誠実さ」や「誠意」と言えばわかりやすいだろう。「信実と誠実なくしては、礼儀は茶番であり芝居である」とこの章の冒頭で説いている。慇懃無礼（いんぎんぶれい）や虚礼という言葉もあるように、誠実さが伴っていないうわべだけの礼儀なら、それは「礼」とは呼べないということだ。

また、『中庸』の「誠なる者は物の終始なり。誠ならざれば物なし」（誠が身についた人は物事の始まりと終わりを定める。誠でなければ、物事は成り立たず存在しない。第十四章）を引用し、誠の徳の至高性を示唆している。

ちなみに『中庸』を読めば、「誠なる者は、天の道なり。これを誠にする者は、人の道なり」（誠とは天の働きとしての窮極の道である。その誠をなすことが、人として努めるべき道である。第十一章）や「唯（た）だ天下の至誠のみ、能（よ）くその性を尽くすと為す」（ただこの世で最も完全に誠を備えた人だけが、その本分をあるがままに十分に発揮することができる。第十二章）など、全体で十九章あるうち、第十一章から第十八章にかけて「誠」「至誠」の文字が頻繁に登場することがわかる。『中庸』自体は子思の作とされているが、子思の祖父にあたる孔子の「誠」の思想が色濃く感じられる。

『中庸』だけではなく、『孟子』でも「至誠」についての言葉が残されている。「誠は天の道なり。誠を思うは人の道なり。至誠にして動かざる者は、未だ之れ有らざるなり」（離婁章句上）とあるように、誠を尽くせば、必ず心動かされるのが人間の心情なのだ。

吉田松陰は、この言葉を座右の銘にして29年の短い生涯を終えたが、彼こそが至誠を貫いた模範的人物の一人である。幕末の激動期に私心なくただこの国の行く末を憂い、松下村塾にて久坂玄瑞、高杉晋作、伊藤博文、山縣有朋ら次世代のリーダーを育成し、この国に命を捧げた彼の生き様は、見方によっては狂気じみてもいるが、至誠の二文字で首尾一貫した、それははかなくも美しいものであった。彼の情熱は多くの門下生を見事に動かし、その彼らがリーダーとなってさらに多くの人々を動かし、明治維新の成立に大きな影響を与えた。そして現在においてもいまだに多くの日本人の心を打ち続けている。自ら「至誠にして動かざる者は、未だ之れ有らざるなり」を実証した第一人者と言える。

松陰に代表されるように、武士は、その社会的地位から、高い水準の誠を要求された。今日でも「武士に二言はない」と言われるように、当時の武士の一言は、必ず守られなければならないことで、証文などなくても履行されるほど、信用のあるものとされた。もっと言えば、証文を書くこと自体がその威厳を損なうことだとすら考えられていた。虚言や二枚舌、巧言令色、言い逃れといった行為は等しく卑怯と見なされていたためである。

岩崎弥太郎や渋沢栄一ら、武士階級から明治の文明開化後に商業的に大成功を収めた人物も中には存在するが、多くの武士階級出身者は、新たに取り組んだ商売において、ものの見事に失敗していった。商業上でも信用第一であるが故に、「正直は最善の政策」であるとともに、「正直は引き合う」にもかかわらず、である。

その理由は単純で、武士道も商人道も、道徳律として存在しているという観点では一緒であるが、武士道においては富よりもはるかに道徳が尊ばれていたためである。ここが武士道と商人道とで決定的に異なる点である。帳場とそろばんに象徴される「商売」は忌避の対象であった上に、高潔・正直であるあまりに手練手管の平民出身の競合相手や取引相手と駆け引きできるほどの手腕は持ち合わせていなかったのだ。彼らは、「正直であることの報酬は利益ではなく、正直の徳そのものである。利益を獲得する目的で正直であるくらいなら嘘つきになった方がましだ」と考えたのだった。

第八章　名誉　――HONOUR

現代において通常使用されている「名誉」の言葉そのものは、彼ら武士の時代においては一般用語として用いられてはいなかったものの、「名」「面目」「外聞」等の言葉によって語られ、自己の名誉を傷つけられることを最大級の恥辱としたのであった。

それゆえに武士の家庭では、子供が幼い時期から、名誉と表裏一体の関係にある「廉恥心」を植え付けさせる教育がなされてきた。父母らから、「笑われるぞ」「対面を汚すぞ」「恥ずかしくないのか」といった言葉が、過ちを犯した武士の子に対して反省を促すために用いられた。

かつて、ある町人が一人の武士の背に蚤（のみ）が跳ねていることを注意しただけで、その武士から「自分を蚤のたかるような畜生と一緒にするな」と斬り捨てられ殺害されてしまったなどという噂話が出回ったようだ。ごく一部の武士による制裁権限（いわゆる「斬り捨て御免」）の乱用があったことも事実であったようだが、このような噂話の真偽はともかくも、自己への侮辱は許し難いと感じるほど、武士の誰もが極めて強い廉恥心を持ち、「もし名誉と名声が得られるならば、生命そのものさえも廉価と考えられた」と述べるように、その多くはまさに命懸けで自らの名誉を重んじたのである。実際に、かつての武士たちが、辞世の句として、

「かへらじとかねて思へば梓弓（あずさゆみ）なき数に入る名をぞとどむる」（楠木正行）

「いのちより名こそ惜しけれもののふの道にかふべき道しなければ」（森迫親正）

と詠んだことからも、そのことが伝わってくるだろう。

しかしながら、全ての武士が名誉を重んじたのであろうか。明治維新三傑の一人、西郷隆盛は、『南洲翁遺訓』の中で「命もいらず、名もいらず、官位も金もいらぬ人は、仕末に困るもの也。此の仕末に困る人ならでは、艱難を共にして國家の大業は成し得られぬなり」と語っている。このような「始末に困る人」には実在のモデルがいると言われる。勝海舟、高橋泥舟と並び、「幕末三舟」と称された山岡鉄舟こそその人である。

山岡鉄舟は、現代でこそ知名度は西郷や勝に劣るかもしれないが、江戸城の無血開城に

おける幕府の使者として、その名の通り命懸けで官軍の西郷と直々に交渉し、大筋合意を取り付けるという、極めて重要な役割を果たした。禅や書道を嗜むばかりか、特に剣術の腕前は右に出る者がいなかったと言われるまでに自己鍛錬を続けた「サムライの中のサムライ」の一人であった。

官軍と幕府の間で開戦も辞さない一触即発の緊張が漂う中、平和的解決という大業を成し得たのは、西郷曰く、鉄舟が生命、地位、財産、そして名誉のいずれにも無頓着だったからだという。そうであるとすれば、全ての武士が名誉を重んじた訳ではなく、むしろ至高のサムライは公のために自らの名誉すら簡単に捨てられたのではないだろうか。

このように考えると、恥をわきまえることは武士としての必須要件ながらも、名誉を重んじることは武士の一般的傾向として述べたまでであり、必ずしも武士として保持すべき必須の徳目だとまでは言いづらそうである。

ただ、武士の時代が終わっても、少なくとも戦時中まで、廉恥心は日本において広く受け継がれていたと考えられる。太平洋戦争中の昭和19年（１９４４年）、アメリカ政府は、敵国である日本を降服させることを狙いとして、戦争情報局の日本班チーフを歴任したルース・ベネディクトに対して、「日本人とはどのようなものか、文化人類学者として駆使できるあらゆる手法を総動員して説明せよ」と命じた。その結果、彼女が著したのが『菊と刀』である。ベネディクトは、その著書の中で、西洋人が「罪の意識」に立脚して行動するのに対して、日本人は「恥の意識」が行動規範になっていると述べている。詳細な分析は割愛するものの、彼女が端的にこのようにまとめたのは、この国で醸成された武士道が当時も根付いていたからに他ならない。

第九章　忠義　——THE DUTY OF LOYALTY

「中国では儒教が親に対する服従をもって人間第一の義務となしたのに対し、日本では忠が第一に置かれる」と、稲造は知日派のグリフィス牧師の言葉を引用している。「忠義」は、封建道徳特有の徳目であり、名誉以上に生命よりも重視された。

稲造は、この章の中で『菅原伝授手習鑑（すがわらでんじゅてならいかがみ）』の松王丸の物語を引用した。一般に「寺子屋」と言われるこの話では、かつての主人である菅原道真公が、嫉妬と讒言（ざんげん）の犠牲となって京の都を追放された。だが無慈悲な彼の政敵はそれだけで満足せず、その一族まで根絶しようと、まだあどけない道真公の幼子の命まで狙った。松王丸は、道真への恩に応えるため、道真の息子の身代わりに自分の息子の首を差し出し、家に帰るやいなや、妻に呼びかける。

「女房喜べ、倅は御役に立ったわ、やい！」

思うに、封建主義社会から民主主義社会に移り変わっても、忠義の精神は形を変えつつ、日本人の間で受け継がれていったように見える。

昭和の戦後復興の過程で、朝鮮戦争に伴う鉄鋼特需を皮切りとした長期の好景気に支えられ、日本は製造業を中心として目覚ましい経済発展を遂げた。

そこで働く人々は、長期雇用慣行、年功序列賃金制度の下、一つの会社にとどまり、しばしば個人的な欲求や感情を抑えて会社や組織のために尽くした。海外からは「エコノミックアニマル」と揶揄(やゆ)されながらも、身の安全を保障し、働くほどに経済的な豊かさを与えてくれる会社に対して忠誠心を持ち、滅私奉公により御恩に報いたのだと言えよう。

現代を生きる私たちにとっては、松王丸の物語はあまりに残酷かつ極端に過ぎ、到底受け入れられる考え方ではないし、戦後の高度経済成長を支えた会社制度は崩れ去り、今となっては会社に対する忠誠心を捧げる動機が起こりづらくなっている。したがって、私たちが忠義の精神を現代において適用するにあたっては、封建時代はもちろんのこと、つい半世紀程度前までの考え方からも修正が必要になるであろう。

そんな忠義の精神であっても、少なくとも封建時代にあっては「主君の気まぐれな意志や酔狂、妄想のために自己の良心を犠牲にする」ことではなかった。

武士道研究の大家である笠谷和比古国際日本文化研究センター名誉教授によれば、固定的な身分社会に見える江戸時代においても、実は横暴な主君が家臣に更迭されてしまう「主君押込」や、下級武士であっても有能な者を積極的に抜てきする能力主義がうまく機能していたという。このように、もし主君が誤った行動を取ろうとした場合は、自分の命を犠牲にしてでも主君に諫言（かんげん）する必要があった。これは、主君への忠義であるとともに、自己の武士としての名誉を守るための行動でもあった。

阿諛追従（あゆついしょう）により主君に取り入ろうとする者は、佞臣（ねいしん）あるいは寵臣（ちょうしん）と呼ばれ、むしろ軽蔑の対象となった。稲造の議論をたどっていくと、忠義を果たすこと自体が武士にとって名誉の行動であったと考えていることがわかる。忠義は、主君への滅私奉公・絶対服従ではなく、武士の名誉を守るための主体的な行動であった。このため、武士の教育と訓練は、社会公益のために生命を捨て、武士としての名誉を守ることを目的として行われたとする。

第十章　武士の教育および訓練 ——EDUCATION AND TRAINING OF A SAMURAI

第十章では、「武士の教育」が論じられる。その冒頭で稲造は、次のように述べている。

「武士の教育において守るべき第一の点は品性を建つるにあり、思慮、知識、弁論等知的才能は重んぜられなかった。美的のたしなみが武士の教育上重要なる役割を占めたことは、前に述べた。それは教養ある人にとっては不可欠ではあったが、武士の訓練上本質的というよりもむしろ付属物であった」

それゆえに、武士道における主要教科は、剣術、弓術、柔術、馬術、槍術、兵法、書道、倫理、文学、歴史学などとなった。中でも書道というのは、外国人読者から見れば意外に思われるところだが、「我が国の文字が絵画の性質を帯び、したがって芸術的価値を有したるが故であり、また筆跡は人の性格を表すものと認められたからであろう」と分析する。

ちなみに、脳科学の専門家で感性スペシャリストである黒川伊保子氏によると、日本の武士がこれらの主要教科を鍛錬することは、脳科学的にも非常に理に適っていたのだという。

「術」「道」と呼ばれるものや、芸術を嗜むと、直感力が向上する。右脳のイメージにあるものを、左脳の顕在意識に持ってきて恣意的な出力に変えるという「右左能連携」を、とっさに強く行えるようになるためである。

武道の型や素振りによって、あらかじめ身体のイメージを創り上げ、相手の動きに合わせて、とっさに日ごろ培った身体のイメージを繰り出すことによって、武士はいざという時に戦う。さらに、書道のような、脳が描いた出力を、なめらかに身体でなぞる。これらはいずれも、高密度な「右左能連携」のなせる業であったようだ。武士が芸術を嗜んだのも、明日の戦場での直感力をチャージするための大事なエクササイズだったのだ。

逆に、数学は、経済教育はもちろんのこと、軍事教育でも必須科目となる。しかし、武士道は非経済的であり、貧困を誇ることに加え、「封建時代の戦争は科学的精確をもって行われなかったという事実」によって、「武士の教育全体が数学的観念を養成するに適しなかった」という。

品性（to build up character）の尊重は、知、才能の比較だけでなく富と対比させているところに特徴がある。「就中（なかんずく）金銀の慾を思うべからず、富めるは智に害あり」など、富や金銭に対する否定は次々に記され、さらに頭脳より霊魂に、知識でなく品性に重きを置かれることが、教育の神聖な課題であり、教師の務めであることを説く。教師はそれゆえに「聖職者」であり、教師の仕事に対する報酬は、金銭的な価値で測定することができないほど貴いものだと考えられていた。

訓練の面においても、「武士道において節倹が教えられたことは事実であるが、それは経済的な理由によるというよりも、克己（こっき）の訓練の目的にいでたのである」。この訓練は贅沢に対する戒めとなる。

肉体の鍛錬が必要なように、贅沢三昧から生じる精神的堕落を防ぐ訓練として、簡素な生活が求められた。しかし、戦のあとに特権階級が生じ、簡素は奢侈（しゃし）へと流されていく。「かくのごとく金銭と金銭慾とを力（つと）めて無視したるにより、武士道は金銭に基づく凡百（ぼんびゃく）の弊害から久しく自由であることをえた。これは我が国の公吏が久しく腐敗から自由であった事実を説明する十分な理由である。しかしああ！　現代における拝金思想の増大何ぞそれ速（すみや）かなるや」と歎くに至った。

第十一章　克己　――SELF CONTROL

第十一章「克己」では、日本人の忍耐の訓練について述べている。これは、「アメリカ人はその妻を他人の前で接吻(せっぷん)し、私室にて打つ。日本人は他人の前ではこれを打ち、私室にありては接吻する」という、ある青年が戯れに言った言葉を例として取り上げたのは、日本人があまり人前で感情表現をしないことから、外国人に誤解されがちだったからである。

武士は、子供の頃から「感情が高ぶったからといって涙を流したり、呻(うめ)き声をあげたりしてはならない」と、ストイック主義を教えられてきた。自分の悲しみや不平、窮状を相手に話すことは、相手を不快にさせることだと考えるからである。そのため、日本人は、もっとも深い悲しみの時でさえ、訪問客に笑みを浮かべて応対する。これは、日本人がそうした感情に鈍感だからというわけではない。日本人が、最愛の子供を失った時でさえ笑いを浮かべるのは、日本人の笑みが「逆境によって乱された心の平衡を回復しようとする努力を隠す幕」だからなのである。その例として、天国に先立った幼い我が子を思って江戸中期の俳人・加賀千代女(かがのちよじょ)が詠んだとされる

「蜻蛉(とんぼ)釣り今日はどこまで行ったやら」

という一句を挙げている。愛する我が子を幼くして失った母親の心中は、察するに余りある。しかし、当の母親は、子供が目の前にいないのは、単に蜻蛉を取りに出かけているだけで、今もまだ元気に生きていると見立てている。こうして悲痛な本心を覆い隠すとともに、自らの気持ちをも奮い立たせているのである。

ここで引用された加賀千代女は表具師の娘として生まれた一般庶民であり、男性でない点に注目したい。後の「第十五章　武士道の感化」で主題となるところだが、彼女の生きた1700年代においてはすでに、武士階級の生き方が庶民の模範となっており、一般庶民も男女を問わず、武士の精神鍛錬を見習って、ストイック主義を身につけていたのではないかと思われる。以後も武士道の精神は、社会の状況に呼応しながら広く一般庶民にも伝播し、武士階級のみの専売特許ではなくなっていった。特に江戸時代の後半あたりからは日本人全体の人倫の規範となった。ここに武士道精神の素晴らしさがある。

話を脱線させてしまったが、『武士道』で稲造は、人間の深奥の思想および感情を発表することは、深遠でも誠実でもない徴(しる)しであるとして「口開けて腸(はらわた)見する柘榴(ざくろ)かな」の一句を引用する。「喜怒(きど)色に現わさず」とも言うように、武士たるもの、柘榴のように、口を開いて自分のはらわたを見せるようなこと、つまり言葉や表情に出して感情を表すことがないようにと戒めている。この点、閉鎖的かつ安定的な社会環境の中、ほぼ単一の民族間で似た生活様式、似た価値観を共有できていた時代は、以上のように本心を語らず、あるいは表情に出さずとも、相手が察してくれるというような、言外のコミュニケーションが成立しやすかった。それゆえに、言葉や表情を抑えることがむしろ美徳として尊ばれたのだろう。

その一方で、現在では、同じ日本人と言っても生活様式や価値観は多様化している。時代が目まぐるしく変化する現代にあっては、特に世代間の価値観の相違が著しい。ましてや、さまざまな国の人々とのコミュニケーションが必要なグローバル化社会の中ではなおさらである。このような環境の中では、かつての美徳は機能しづらい。誠実さを持ちながら口を開き、はらわたを見せ、本心を自らの言葉で伝えることがコミュニケーションの上で欠かせない。

一つの島国の中で連綿と培われてきた民族精神が遺伝子の中に沁みついている私たち日本人の多くは、相手と本心から理解し合おうと、率先してコミュニケーションを図ることを苦手としているように見える。しかし、時代の変化に応じて、私たち日本人も変革が求められる。これからの時代は、きっと相手も理解してくれるだろうからと、ついコミュニケーションを怠ろうとする邪念に打ち克ち、積極的に言葉を用いて、時には喜怒哀楽も表情に見せながら、相手を深く理解し、自分を相手に理解してもらう。こうした相互理解のためのコミュニケーションの鍛錬が一層必要になっている。これこそが現代の私たち日本人に求められる「克己」ではないだろうか。

第十二章 自殺および復仇の制度 ——THE INSTITUTION OF SUICIDE AND REDRESS

第十二章では、武士社会の特徴的行動である「切腹と仇討」について論じている。切腹は、「法律上ならびに礼法上の制度」であり、「武士が罪を償い、過ちを謝し、恥を免れ、友を贖(あがな)い、もしくは自己の誠実を証明する方法」であった。切腹の風習は、特に日本の野蛮な風習として外国人によく知られていたので、稲造はその誤解を解こうとしたのである。

稲造は、仇討ちも無政府的な蛮行ではなく、人の正義感から行われるもので、「ある種の倫理的平衡感覚を保つための裁判所」であるとしている。

「切腹及び敵討の両制度は、刑法法典の発布と共にいずれも存在理由を失った。美しき乙女が姿を変えて親の仇敵を尋ねるロマンティックな冒険を聞くことはもはやない」

武士道における切腹が野蛮でないことを弁明しつつ、その制限、時代の変遷によって制度上もはや存在しなくなったことを、外国の読者のために説明することも忘れていなかった。死に対しても、無駄に死に赴くことは否定されていた、と述べる。「真の武士にとりては、死を急ぎもしくは死に媚びるは等しく卑怯であった」。「憂き事のなほこの上に積れかし　限りある身の力ためさん」の和歌をもって、「キリスト教殉教者に近き忍耐をもって己れを励ますのである。「かくして武士道の教うるところはこれであった――忍耐と正しき良心とをもって全ての災禍困難に抗し、かつこれに耐えよ」と。

『武士道』が書かれた後も、大正元年（1912年）明治天皇の大葬の日に、陸軍大将や学習院長を歴任した乃木希典が殉死したり、昭和の代表的作家・三島由紀夫が昭和45年（1970年）に自衛隊市谷駐屯地で割腹自殺を遂げるなど事例は散見されるものの、制度・風習としての切腹は消滅したと言っていい。

しかしながら、自らの命を捧げるまではいかなくとも、今日においてもかつての風習を彷彿とさせる慣例があるように感じる。自己または組織に不祥事が発覚した場合、そのトップや政治家が引責辞任する事例が現在も後を絶たない。自らの罪を償う、場合によっては仲間を庇うといった目的で、現在の地位を返上するという行為に、切腹の名残を感じるのは私だけであろうか。

仇討ちにしても、現在も法的には禁じられているものの、今もなお忠臣蔵のドラマに多くの人々が涙しているし、近年では流行語大賞ともなった「倍返し」の決め台詞で上司や権力者に対する復讐を描いたテレビドラマ『半沢直樹』が大ヒットした。

日本人は意識するとしないとにかかわらず、切腹や仇討ちに対する美意識を、生まれながらに持っているように思えてならない。

第十三章 刀・武士の魂 ——THE SWORD, THE SOUL OF THE SAMURAI

第十三章では、武士の武器である「刀」を取り上げる。これも、かつて刀を持っていた日本のサムライが、むやみに刀をふるう野蛮人のように思われていることに対して反論したものである。刀は「武士の魂」であり、「この凶器の所有そのものが、彼に自尊と責任の感情および態度を賦与する」と述べる。これは、人を斬るために常に腰に帯びているのではない。

「武士道は、刀を適切に使うことを大いに重んじ、その濫用を戒め、嫌悪した。必要もないのに刀をふるう者は卑怯者であり、虚勢を張る者とされた。冷静沈着な人は、刀を用いる正しい時を知っているが、そのような機会は稀にしか来ない」

帯刀時代から廃刀令以後も生きた勝海舟の例を引いて、「彼は一時ほとんど独裁的なる権力を委ねられていたため、たびたび暗殺の目的とせられたが、決して自己の刀に血ぬることをしなかった」と賞揚している。

極真空手の創始者・故大山倍達氏は、肉体・精神両面の強さとその人柄を慕って世界中から弟子が集まったが、彼も生前に「侍は刀を常に磨いて鞘の中に収めておく。抜かない。抜かないところに侍の価値がある」との言葉を残した。ご自身は剣術家ではないものの、空手家として若かりし頃に人里離れた山奥に籠り、厳しい修行を積まれたことは、現在も伝説として語り継がれている。妥協なく極限まで自己を鍛え上げた、真に強い人物の言葉は、深みを伴ってずっしりと私たちの心に響く。

刀は凶器であり、使い方を誤れば人を傷つけ、殺めることもできてしまう。やむなくして抜けば、相手を斬らずにはおかない。無益の殺生はすべきではないから、仮に挑発を受けても、自分さえ耐え忍べば済むのなら、多少恥辱に感じようがその手段を選ぶ。時として、「負けるが勝ち」「逃げるが勝ち」となることがあるのだ。

概して未熟者に限って虚勢を張り、忍耐力もないため、周囲に生兵法を披露したがるものだ。真の強者は肉体よりもむしろ精神力の強さそのものが自信となるため、あえて周囲に強さを誇る必要もなく、常に堂々としていられる。

刀と同様に、格闘家にとっても手や足は凶器となる。先の大山氏の言葉も、稽古や試合といった然るべき時でない限りは、決して他人に空手を振りかざしてはならないということを、門下生に戒めたのだと推察する。日本の空手をこの国で極めた大山氏には武士道の精神がみなぎっていた。

銀色の光を放ち、しなやかな曲線美を誇る日本刀は、美術品として今もなお私たちを魅了してやまないが、さすがにこれを持ち歩くとなると銃刀法違反となってしまう。それでは、私たちが「刀」から学ぶべき現代的意義とはいったい何なのだろうか。それは、自分が好きで、真剣に打ち込める「何か」の研鑽に励むことであり、その「何か」とはその人、その時ごとに違ってくるのではないだろうか。特定の専門分野でもスポーツや音楽などでもいい。また、時代の変化に従って変わってもいい。武士が芸事の習得に努めたように、強みや特技と呼べることをひたすらに極めていく。それがひいては、自らの人格向上とともに、周囲の人々に喜びを与えることに繋がるのだ。

第十四章 婦人の教育および地位 ——THE TRAINING AND POSITION OF WOMAN

第十四章「婦人の教育および地位」では、武家の女性について述べられている。ヨーロッパでは、日本においては女性の地位が低いと考えられていた。しかし、女性が男性に献身的に尽くすのは、自己犠牲の精神によるものである。武家の少女は、幼い頃から自己犠牲を教えられてきた。そしてそれは、稲造によれば、武士が主君に生命を捧げるのと同様の自発的な行動であった。

「奉仕の教義に関する限り——自己の個性をさえ犠牲にして己よりも高き目的に仕えること、すなわちキリスト教の教えの中最大であり彼の使命の神聖なる基調な為したる奉仕の教養――これに関する限りにおいて、武士道は永遠の真理に基づいたのである」
そして外国人が、日本では妻は軽蔑され、尊敬されていないという皮相な見解に対して、決してそうではない、と反論する。日本人は、妻を自分の半身だと考えているから、自分の妻を「荊妻（けいさい）」などと謙遜して呼ぶことは礼儀にかなうことなのである。

余談ながら、大正7年（1918年）、稲造が学長となり東京女子大学が開校した。学校の校章を決めるとき、学長自らSの文字を二つ、相互に垂直に重ねて手裏剣型にした図案を提示し、校訓を「奉仕と犠牲」Service and Sacrifice と決めた。『武士道』執筆から20年、心に刻んでいた教えが、女子のための学問が新しく展開されるときまで持続されていたのである。

なお、稲造の人生は、ある一面においては近代日本の女子高等教育に注がれた、と言っていい。東京女子大学のほかにも、普連土女学校（現・普連土学園）、津田英学塾（現・津田塾大学）、恵泉女学園をはじめ、現在も残る数々の女子大学や女子高校の創設・教育に深く関わった。女性の教育環境を整えることにより、我が国における女性の社会的地位向上に自ら貢献したのだ。女性参政権がなく、社会的な男尊女卑の傾向も否定できなかった当時から、男女同権が実現しつつある現代に向かって、その大いなる一歩を踏み出された稲造の功績に、感謝の念を禁じ得ない。

第十五章 武士道の感化 ——THE INFLUENCE OF BUSHIDO

第十五章では、武士道の影響として、武士によって形作られた武士道倫理が全日本人の理想となり、民衆の間に広まっていったと述べている。

「武士の美徳は、我が国の国民の一般的水準よりもはるかに高いものだった。太陽が昇る時、まずもっとも高い峰を朱に染め、次第に下の谷々を照らすように、最初に武士道として結実した倫理体系は、時がたつにつれて大衆からも追随者を呼び込んだ。平民主義はその指導者として天成の王者を興し、貴族主義は王者的精神を民衆の間に注入する。徳は罪悪に劣らず伝染的である」

「武士道はその最初発生したる社会階級より多様の道を通りて流下し、大衆の間の酵母として作用し、全人民に対する道徳的標準を供給した。武士道は最初は選良（エリート）の光栄として始まったが、時をふるにしたがい国民全般の渇仰および霊感となった」

ここで山頂の武士階級礼賛を試みているのではなく、武士道の徳目が徐々に民衆に広がっていく歴史を鳥瞰しているのである。

その結果、商人の債務者でさえ「貸していただいた金子の返済を怠った時は、衆人の集まる席で笑っていただいてもかまいません」という言葉を証文に書き入れ、返済に努めたことを指摘している。面目や名誉は、武士の専売特許ではなく、いつしか職人や農夫にも、それぞれの身分や職分に応じた倫理が形成されていった。

『武士道』は、武士道を解説しようとしながら、次第に武士を離れ、「大和魂」または「大和心」として、広く日本人一般の心的美学の中に浸透していったことを外国人に理解させようとするものになっている。それは、稲造の時代にもすでに失われつつあった理想的日本人論だということができる。冒頭において、稲造が武士道を、宣長が大和心の標章とした「桜の花」にたとえたのも、理由のあることだったのである。

第十六章　武士道はなお生くるか

——IS BUSHIDO STILL ALIVE?

稲造が『武士道』を書いた十九世紀末の日本では、すでに武士階級は消滅し、「武士道」的な思想様式も過去のものとなりつつあった。しかし、第十六章「武士道はなお生くるか」において、まだ武士道的な思想は生きていることを主張している。

「我が国において駸々(しんしん)として進みつつある西洋文明は、すでに古来の訓練のあらゆる痕跡を拭い去ったであろうか。一国民の魂がかくのごとく早く死滅しうるものとせば、それは悲しむべきことである。外来の影響にかくもたやすく屈服するは貧弱なる魂である」

明治維新で敗者の立場にあった、貧しくなった武士の子にとって、立志の舞台となるものは外国からもたらされた制度、学問、宗教などで、それらによって新しい視野を広げていた。武士の魂を持ちつつ、挑戦者となって伝統を超えた対象物と格闘しながら、自分と国を新生させることを試みようとする。このように、古い木に新しい枝が接がれ、新しい花と実が稔り始めたころ、『武士道』は出版された。

「武士道の感化は今日でもなお、走者も読みうるほど容易に認められる。日本人の生活を一瞥（いちべつ）すればおのずから明瞭である。日本人の心の最も雄弁にしてかつ忠実なる解釈者たるハーンを読め、しからば彼の描写する心の働きは武士道の働きの一例であるを知るであろう」

ここでハーンとは、当時活躍していたギリシャ生まれの英国人の怪談作家ラフカディオ・ハーンのことを指す。日本帰化後は小泉八雲と名乗り、「耳なし芳一」や「雪女」といった代表作は、日本人であれば誰もが一度は耳にしたことがあるだろう。日本文化にすっかり魅了された彼は、作家のかたわら日本人の宗教観を探求した。その結論として、日本人の精神を、神道に基づく祖先信仰が貫いていると捉えたのだった。

そして、『武士道』出版前に起きた日清戦争の勝利は「忍耐強さ、不撓不屈（ふとうふくつ）の精神、勇敢さ」によるものであり、まさに「武士道」の賜物だったとも考えられる。

一方で、「我が国民の欠点短所に対しても武士道が大いに責任あることを承認するは公平である。我が国民が深遠なる哲学を欠くことの原因は――我が青年の或る者は科学的研究においてすでに世界的名声を博したるにかかわらず、哲学の領域においてはいまだ何らの貢献をなしていない――武士道の教育制度において形而上学の訓練を閉脚せしことに求められる。我が国民の感情に過ぎ、事に激しやすき性質に対しては、我々の名誉感に責任がある。もしまた外国人によりて往々非難せらるるごとき自負尊大が我が国民にありとすれば、それもまた名誉心の病的結果である」と、稲造は警告を発している。

続いて学生（書生）の蓬髪弊衣、書物を手にして世事に関せず焉の態度をもって大道を闊歩する姿の中に、「武士道の最後の断片」を見たのであった。

さらに、当時のある学校において、一人の教授の専門知識の欠如を理由に、乱暴な学生たちがその教授を罷免させようと大々的なデモを起こしたエピソードを挙げる。学長は、デモを主導した学生たちに次の質問を投げかける。「諸君の教授は価値ある人物であるか。もししからば、諸君は彼を尊敬して学校に留むべきである。彼は弱き人物であるか。もししからば、倒るる者を突くは男らしくない」と、学生たちに根付いていたであろう武士道精神に訴えかけたのだった。この結果、学生デモは簡単に鎮静化したという。

それでも、この章の終わりは、「武士道の日はすでに数えられたように思われる。その将来を示す不吉の徴候が空にある」と、その行く末を案じる文章で締めている。

第十七章 武士道の将来 ——THE FUTURE OF BUSHIDO

稲造は、第十七章「武士道の将来」において、武士道が早晩衰微する運命にあることを予言している。世界的なデモクラシーの潮流が、貴族主義的な倫理である武士道の名残を呑み込もうとしている、と認識していた。

「ヨーロッパの経験と日本の経験との間における一の顕著なる差異は、ヨーロッパにありては騎士道は封建制度から乳離れしたる時、キリスト教会の養うところとなりて新たに寿命を延ばしたるに反し、日本においてはこれを養育するに足るほどの大宗教がなかった」ために「武士道は孤児として遺され」たのである。

さらに、「悲しいかな武士の徳！ 悲しいかな武士の誇り！ 鉦太鼓の響きをもって世に迎え入れられし道徳は、『将軍たちの王たちの去る』とともに消え行かんとする運命にある」と嘆く。

稲造は、これからの世界の主流になるのは中途半端な屁理屈屋の好む功利主義と唯物主義という「損得哲学」だと危惧している。しかし、それらの主義の影響力は大きく、それに対抗できる力のある唯一の倫理体系は、キリスト教だけだとする。キリスト教に比べれば、武士道は「煙れる亜麻」のようにはかない。おそらく稲造は、武士道が自分の信仰するキリスト教の倫理体系の中に組み込まれて生き延びることを望んでいたのだろう。

　武士道に代えて稲造が強調したのは「平民道」であり、封建時代に代わって民主主義を提唱した。大正時代にその流れが顕著になった。ここに武士道が徐々に消え去る運命を望見することができる。しかし、その精神はストイック主義のごとく、「体系としては滅んだ。しかし徳としては生きて」おり、「西洋諸国の哲学において、全文明世界の法律において、感知せられる」、そのような運命に武士道は立たされるかもしれない。

「武士道は一の独立せる倫理の掟としては消ゆるかも知れない、しかしその力は地上より滅びないであろう。その武勇および文徳の教訓は体系としては毀(こわ)れるかもしれない。しかしその光明その栄光は、これらの廃址(はいし)を越えて長く活くるであろう。その象徴とする花のごとく、四方の風に散りたる後もなおその香気をもって人生を豊富にし、人類を祝福するであろう」と結んでいる。

二章のまとめ

武士道の起源は仏教、神道そして儒教に求めることができ、稲造はその代表する徳目として「義」「勇」「仁」「礼」「誠」「名誉」「忠義」の七つを掲げた。

中でも中核となるのは「義」すなわち正義の行動原理である。この義を生む元となるのが、人を思いやる慈しみの心を意味する「仁」、義を実行する精神的原動力が「勇」であり、これらが武士道の中軸を形成する徳目となる。

この一連の精神的作用を目に見える形で行動に表現したものが「礼」であり、これを含む思いから行動までの流れに首尾一貫性を伴わせるために必要な至高善が「誠」である。

「名誉」や「忠義」は、日本の封建社会の中で醸成され、近現代の日本人にもその片鱗が見られる、武士道の真髄とも呼ぶべき徳目である。

武士の家庭においては、知識や才能よりも、これら道徳心の涵養、人格の陶冶に一層の重きが置かれた教育がなされた。

このように、禁欲的かつ厳格に教育・鍛錬された武士たちは、エリートとして一般庶民からの尊敬を得、その生き様は人々の模範となり、その精神は「大和魂」または「大和心」として、広く日本人一般の心的美学の中に浸透していった。

『武士道』は、日本人が初めて日本文化の特質を意識し、体系的に日本人の倫理、道徳を解説した優れた日本文化論だったと言うことができる。そしてそれは、すでに述べたように、武士道思想を借りて論じた美しき日本人論であった。現在でもよく読まれ、賞賛されることが多いのも、ある意味で当然のことかもしれない。

補論：儒教と孫子と『武士道』の「リーダーに求められる資質」比較

ここでは、「義」「勇」「仁」「礼」「誠」「名誉」「忠義」という『武士道』の七つの徳目のうち、武士道固有の「名誉」と「忠義」を除く、「義」「勇」「仁」「礼」「誠」について、儒教や『孫子』に掲げられる徳目と並べて比較してみたい。

儒教が教える、君子たる人物がすべからく具備すべき最高の道徳は五常の徳、すなわち、

「仁」「義」「礼」「智」「信」の五つであり、これに「忠」「孝」の二つを加えた七つの徳を説いている。前三者は『武士道』と意味合いにおいても共通すると言っていい。以下、簡単に説明すると、「智」は智慧や叡智、「信」は信頼や信用、「忠」は誠を尽くすこと（武士道の「忠義」と意味が異なり、むしろ「誠」に近い点に注意）、「孝」は目上の者を大事にすることを、それぞれ意味する。

また、『孫子』にいう将（将軍）も、人の上に立つ者として公のために戦地へ赴くことを職務とする点で、武士と類似する。

曰く、その将が有すべき資質とは「智」「信」「仁」「勇」「厳」の五つ。うち「信」は儒教と、「勇」は『武士道』と、「仁」はその両方と、それぞれ同義とみていいが、「智」は儒教が智慧や叡智を意味する「賢さ」（wisdom）である一方、孫子では才智や智謀、智略といった「賢さ」（intelligence）の意味合いが強い。そして「厳」は、威厳や厳格さを意味する。

まず、『武士道』のみならず、儒教、『孫子』の全てに掲げられる徳目は、「仁」のただ一つだけである。特に『孫子』に、「卒を視る（み）こと嬰児（えいじ）の如し」「卒を視ること愛子の如し」（ともに地形篇第十）とあるように、戦争という勝利を至上命題とする非常時においても、将軍が兵卒（戦闘員）のことを、赤ん坊や愛する我が子のように心からいたわるのなら、「士は己を知る者の為に死す」（『史記』予譲伝より）とばかりに、彼らは最高のパフォーマンスを発揮する。それゆえに「仁」は欠かせない、と言っていることが興味深い（ただし、他方でいたわり過ぎの溺愛は、配慮をし過ぎて煩わされるが故に戒めているので、そのバランスには注意されたい）。

さらに言うと、仮に勝利という最上位の目的達成のために、組織を率いるリーダーが、本心の伴わない「仁」の振りをしたところで、これに従う兵卒たちはそれをすぐに見抜き、リーダーに対する信頼が揺らぎ、面従腹背が発生することであろう。このような偽りの「仁」では最高のパフォーマンスは期待できないため、平時のみならず非常時にあっても、心からの「仁」が求められるのだ。それゆえに「仁」は、いかなる階層のリーダーにとっても普遍的に必要な徳目と呼べるだろう。

儒教と『武士道』においては、その両方において「仁」のほかに「義」と「礼」についても掲げられている。ただし、中核となるべき最重要の徳目について、儒教は「仁」とする一方で、『武士道』は「義」としている点に、『武士道』の最も色濃い第一の特色が見られる。なお、「礼」は「仁」や「義」といった徳を具体的な行動・言動として形に表現したものであり、稲造も「諸徳の第一位に置くものではない」と言っているように、『武士道』でも「義」「仁」に準じる徳目であって、中核と呼ぶまでには至らない。

それに対して、孫子では「義」と「礼」は徳目にすら挙げられていない。「兵とは詭道なり」(始計篇第一)、つまり戦争とは奇策により、いかに敵の裏をかいて相手の不意を突くかだと書の早々に喝破している通り、スパイ工作などのずる賢い手段を使ってでも、戦いに勝利することが至上命題となる。そもそも、礼を中心に置く国政と軍事では、原理・原則が異なる。軍を率いる指揮官の最も大事な要件は、智謀・智略を駆使できることであり、国政の原則である礼では軍を治めることができない。それゆえに「義」や「礼」は蚊帳の外に置かれてしまう。

この点武士道は、卑怯や狡猾さは軽蔑の対象となる。あくまで「義」が最優先されるため、フェア・プレイの範疇での勝負になるのだ。たとえ戦の局面に立って勝利しなければならないとしても、「礼」を失わず、正々堂々と戦って勝利することが求められる。そもそも、「義」を確立するために何より必要なのは人格の形成であり、人として正しいことかどうかの判断は智慧により養われる。この意味で、儒教にいう「智」は、『武士道』の「義」に包含される。また、「義」の訓練において、孫子の「智」を表わす才智は役に立たない。

それゆえに『武士道』の徳目から「智」は外れたのだろう。

では、孫子に掲げる「厳」はどうだろうか。思うに、「厳」は「義」を確立すればおのずと備わるものではないだろうか。義を確立した人物は、自身の判断に迷いがないため、威風堂々とした雰囲気を身にまとっているものであるし、他人に対する以上に、まず自分自身に対して厳しく義の道を歩むための自律心を求める。このように、「厳」は「義」の当然の帰結であるから、『武士道』の「義」の範疇に含まれているのだと考える。一方で、孫子は「義」を徳目に挙げなかったために、より具体的な徳目として別途「厳」を列挙する必要があったのではないか。

『武士道』は、すでに述べた通り、「義」の双生児の兄弟として「勇」を掲げている。『孫子』でも、「勇」は将たる者の必須要件に掲げられている。『論語』や『孟子』をはじめ、儒教においても「勇」については言及されているものの、七つの徳には数えられていない。

ここに違いが生じているのは、議論の対象としているリーダーの範囲が異なっていることに起因する。儒教が政治家や役人をはじめ、広く一般に指導的地位の立場にある者の目指すべき人間像を「君子」と表現し、その反対の「小人」と対比させつつ示しているのに対し、『武士道』は、『孫子』とともに、人々のために命を懸けて戦う職業的専門家にフォーカスして、その心得を示している。特に『孫子』では、君主からの命を受けて戦争の軍を率いる将軍の資質について語られているが、儒教が語るのは、将軍よりもむしろ広く世の中を治める君主の方が近い。

ともかくも、勝負の世界に身を置く者にとって、勇敢であることは重要かつ必須の要件と言っていい。このように、儒教との相違点、孫子との共通点として浮き彫りになる「勇」は、『武士道』の一つの特徴と呼べるのではないだろうか。

続いて、「誠」はどうだろうか。これは儒教の「忠」に近い徳目であることは既述の通りであるが、儒教と孫子の両方に出てくる「信」とも似たものでもある。

『論語』に「人として信なくんば、その可なることを知らざるなり」(人として信義がなければ、うまくやっていけるはずがない。為政第二)、また「民は信なくんば立たず」(リーダーが人民に信頼されなければ安定させることができない。顔淵第十二)とあるように、「信」は他人から信頼・信用されることである。『武士道』の「誠」は、自らが正直かつ誠実に生きることを示している。稲造も述べたように、他人からの信頼・信用を得るために誠を尽くすのではなく、より内発的動機から生まれるべきもので、「信」は、誠を尽くした結果として得られるものに過ぎない。

『孟子』は、「仁義礼智は、外より我を鑠(かざ)るに非ざるなり、我固(もと)より之(これ)を有するなり」（告子章句上）。つまり五常の徳のうちこれら四つの徳目は、自分の心を外から飾り立てたものではなく、もともと自分の心に備わっているものであるという。ただ、ここに「信」が含まれていないのは、やはり他人からの評価があってこその徳目であるからなのだろう。むしろ、ここで「仁」「義」「礼」「智」と同列に、自分の心にもともと有する徳目は「誠」と言える。

稲造はこの微妙な意味合いの違いを表現する上でも、『武士道』では「信」ではなく、「誠」の一字を徳目に選んだと考えても、あながち的外れではないだろう。

ところで、『孫子』は戦いにおける必勝のための兵法書であることは世間に知られるところであるが、実は『孫子』ほど、むやみに戦争を仕掛けることに警鐘を鳴らしている書であることは、あまり知られていない。

実際のところ、冒頭から「兵とは國(くに)の大事なり。死生の地、存亡の道、察せざるべからざるなり」（始計篇第一）。つまり、戦争とは国家の命運を決定する一大事であり、国民の生死、および国家の存亡を決定づける極めて重大な分かれ道である。したがって、戦争の道に進むことはよくよく熟慮しなければならない、という主張で始まっている。一度亡んだ国は立て直しはきかないし、死んだ人を生き返らせることはできない。だからこそ聡明な君主は、戦争をするべきかどうか慎重に意思決定しなければならないし、実際に戦争を指揮する立派な将軍ほど戦争を警戒するのだ、という。

他にも、「凡そ用兵の法は、國を全うするを上と爲し、國を破るはこれに次ぐ。（中略）故に百戰百勝は善の善なる者に非ざるなり。戰わずして兵を屈するは善の善なる者なり」（戦争の原則としては、敵国に戦争を仕掛けず無傷のまま降服させることが上策であり、敵国を討ち破って屈服させるのはこれに劣る。だから百度交戦して全勝したところで、最強とは到底言えない。真の最強とは、戦争をせずに敵兵を屈服させることこそを言うのだ。謀攻篇第三）など、再三再四、いかに戦争を回避しつつ、敵を自己の意のままにすることが最善であるかを説いている。

武士の「武」の字は、戦の武器である「戈」を「止」める、と書く。武士道にあっても、孫子の思想と同様に、戦を止め、人々が平和裏に暮らせるように最善を尽くすことが武士の本分である。「第十三章　刀・武士の魂」で引用した大山倍達氏の、「刀を抜かないところに侍の価値がある」という言葉の真意もそこにあるのだ。

それでは、『孫子』にしても武士道にしても、戦い・戦争とは一体何なのだろうか。結論から言えば、守るべき人々を生き残らせるためには戦う以外に方法がない場合に、仕方なく用いる最終手段なのだ。勝つためには手段を選ばないのか、それとも勝ち方にもフェア・プレイの美学を求めるのか、細部にこそ違いはあるものの、『孫子』も武士道も、その万一の戦うべき時に際しての心得と準備を説く点では共通する。

『孫子』では、「用兵の法は、其の来たらざるを恃むこと無く、吾の以て待つあることを恃むなり」(戦争の原則としては、敵がやって来ないことを頼みとするのではなく、いつやってきてもよいような準備がこちらでできていることを頼みとする。九変篇第十）と、常日頃からの非常時に際しての徹底した準備の大切さを説く。

このように紐解いてみていくと、新井白石、山鹿素行、吉田松陰をはじめ、今も我が国の歴史に名を残すそうそうたる武士たちが、「刀を常に磨いて鞘の中に収めておく」ように、こぞって『孫子』を研究した理由も想像できるのではないだろうか。

ひるがえって、現代に生きる私たち日本人、その中でも特にビジネスに身を置く人々は、『武士道』や『孫子』から何を学べるだろうか。

ビジネスにおける同業他社や、出世を争う同僚との競争は、しばしば戦争にたとえられることから、『孫子』をビジネスに応用する向きは多い。これは私も大いに同感である。

しかし、ここで注意が必要なのは、いかにライバルとの競争に勝って自己の優位性を構築するかは最大の論点ではないということだ。話の流れからお察しがつく通り、まず第一は、いかに競争をせずに自己の居場所を確立し、そこでの地位を高められるかを考えることが重要だ。

その地位を築き、高めるために、核となるものが必要となる。だからこそ、ひたすら自らの得意とする専門分野や強みを刀のように磨く。同じ得意分野を持つ相手がいても、正面きって競争せずに、うまく棲み分けして共存できないかを考える。そうした相手との差別化要因も踏まえて、さらに狭い領域での専門性を高めていく。

それでも、どうしても競争せざるを得ない状況に陥った時に備えて、その準備だけはしておく。ただし、万が一実際に競争せざるを得なくなったとしても、あくまでフェア・プレイを貫く。

以上が、私が提唱したい「武士道精神を現代に活かすビジネス・スタンス」の大枠となる。

さらに補足すれば、稲造の『武士道』を含め、私たちの先祖が残してくれた日本の伝統的精神をしっかりと学べば、フェア・プレイの範囲内であるかどうかの線引きができるようになるし、それをベースにさらに『孫子』を学べば、冷徹なまでの勝利への道筋が見えてくる。

例えば、『孫子』の用間篇第十三では、戦争におけるスパイ活用の重要性を説く。戦争は情報戦でもあり、スパイを使って敵情報を先んじて得ることが、勝利を得るためには極めて貴重だからだ。現代のビジネスにあっては、さしずめ「産業スパイ」といったところだろう。

令和の時代に入っても、大手情報通信会社から同業他社へ転職した社員により、前職の機密情報が転職先に流出した事件や、大手コンサルティング会社のコンサルタントが、関与するクライアント企業のために、競合他社に関与するグループ内の同僚メンバーから機密情報を収集して、クライアントに横流ししていた事件など、倫理観を疑う情報漏洩事件が後を絶たない。

しかし、こうしたスパイ行為は、法令違反であることは明らかだが、『武士道』にあっても当然に卑怯な行為である。ばれる、ばれないに関係なく、自分は絶対に用いないとする気概が欲しい。その一方で、万が一競争相手や退職する社員がそうした卑怯な手を使ってきた場合に備えて、情報セキュリティ対策は練っておく。このように『孫子』は、相手がどう攻めてくるかを想定し準備する上でも、良い教科書となり得るのだ。

三章　思いを固め、実行する

「義」「仁」「勇」

前章で見てきた通り、『武士道』で最初に取り上げられる「義」「仁」「勇」の三つが、中でも軸となる徳目であった。さらにその三つの徳目のうち中核となるのが「義」であるため、人生やビジネスにおいても、この「義」を固めることが最重要と考える。

そして、「義」は「仁」から生まれ、「勇」をもって実行に移される。この「義」と「仁」との整合性を取った上で、脳内で描いた「義」を、恐れることなく「勇」をもって実践し、世の中で形に表現する。ここまでのプロセスが、我々が『武士道』から学ぶ一番の要諦だ。かつて多くの日本武士が実践してきた王陽明の説く「知行合一」は、この三つの徳目のうち一つでも欠けていれば生まれないのである。

それでは、私たちは、現代を生き抜く際にこの連携作用をどう行えばいいのだろうか。その具体的方法を本章で考えていきたい。

1 ノブレス・オブリージュの精神を持つ

まず思う

『武士道』を人生やビジネスに活かすための最初の一項目として、「ノブレス・オブリージュの精神を持つ」ということを挙げたい。というのも、行動を起こし、成功を収めることにつながる最初の最初は、自らの心であると考えるからである。

京セラや第二電電（現・ＫＤＤＩ）を創業し、日本航空を再建された名経営者・稲盛和夫氏に、その重要性を示す以下のようなエピソードがある。

稲盛氏は、昭和40年（１９６５年）ごろ、これまた偉大な経営者である松下電器産業（現・パナソニック）の創業者・松下幸之助氏の「ダム式経営」についての講演を聴きに行った。松下氏は、ダムをつくってそこに常に一定の水が貯えられるような、余裕のある経営をやるべきだということを話した。

すると一人の聴講者が「私もダム式経営に感銘を受ける。しかし、今余裕がないのをどうすればいいのか、それを教えてほしい」と質問をした。

松下氏は、「そんな方法は私も知りませんのや。知りませんけれども、余裕がなけりゃいかんと思わないけませんな」と答えた。すると、「全然答えになっていない」と、場内に失笑が湧いた。

しかし、このような中で、稲盛氏は、大勢の聴講者とは異なった気づきを得ることになる。つまり、「まず思わなかったら、そうはならない」ということを、松下氏から学び取ったのだ。

松下氏から気づきを得た稲盛氏の、その後の経営者としてのご活躍は、読者の皆様もご存じの通りである。稲盛氏のご活躍、稲盛氏の会社のご発展の裏側には、氏の「思い」があったのだ。

もしも稲盛氏が、松下氏のその講演を聴いていなかったとしたら、稲盛氏が経営されてきた数々の会社が、現在ほどには発展されていなかったと言っても過言ではないだろう。

私もこのエピソードを通じて、間接的にではあるが、松下氏、稲盛氏から「まず思うこと」の重要性を学んだ。

それゆえに、武士道精神を人生やビジネスにおいて活用するには、かつてこの国に生きたサムライが心得ていた「ノブレス・オブリージュの精神」を理解し、その思いを体に沁み込ませることが何よりも肝心だと言えよう。

あらゆる局面に存在する「ノブレス・オブリージュ」

企業においては、全社員に対しての社長や役員であったり、部課員に対しての部課長が、また、国にあっては、国民に対しての国会議員や国家公務員が、地域にあっては、その地域の住民に対しての地域の政治家や公務員が、学校にあっては全生徒・教員に対しての校長であったり、生徒に対しての教師が、そして家庭にあっては子供に対しての親が、それぞれノブレス・オブリージュを保持すべき者としてのわかりやすい例になるだろう。

しかしながら、ノブレス・オブリージュは、相対的に地位が高い者や権限が大きい者が、地位が低い者や権限が小さい者に対して負うだけのものに限るのだろうか。結論から言えば、私はそうは思わない。私見を述べれば、ノブレス・オブリージュは、その人の考え方次第であらゆる局面に生まれ、存在するものだと考える。

学校の部活動を例にとると、監督やコーチが選手に対して、また、キャプテンが部員に対してノブレス・オブリージュを保持し、あるべき方向へリードしていくことはある意味で当然と言えるが、それだけに限られたものではない。

例えば、レギュラーに選ばれた選手は補欠選手よりも試合に出場する機会が多いため、本番で結果を出すことが求められる。それゆえ、補欠選手以上に練習し、その真摯に取り組む姿勢をチームメイトに示していくことがノブレス・オブリージュになるだろう。また、チーム単位で見ても、試合に勝ったチームは、負けたチームのメンバーの悔しさを背負って次の試合に臨む。そのため、次の試合で無様な姿を見せて、負けたチームがさらに悔しい思いをしないように、次に向けて精一杯練習に励まなければならない。

残念ながら補欠や裏方に回った選手であっても、所属するチームが一層強くなるために、来たるべき出番に向けて練習を怠らないようにしたり、応援でチームを盛り上げたり、考え方によってはその人にしかできない役割があるはずだ。その役割を自ら見つけ出し、その責務を最大限全うすることが、チームに対するノブレス・オブリージュの体現になる。このように、考え方次第では、そのチームに属する誰もがノブレス・オブリージュを保持することになる。いわゆる強豪と呼ばれるチームほど、メンバーの一人ひとりが、こうした強い意識を持っているように思われる。

学生の「ノブレス・オブリージュ」実践例

上に立つ者はもちろんのこと、同様に、学生であっても、役職の付かない社員であっても、語義である「高貴なる者」であるかどうかはさておき、ノブレス・オブリージュは保持できるものだ。僭越ながら、私自身が『武士道』を読んだ後の学生時代、若手社会人時代に、どのように考え、行動したかを紹介したい。

私が大学三年生の時に『武士道』を読んだのは先述の通りだが、読了後、私は大学生としてどのようにノブレス・オブリージュを保持し、実践すべきかを考えた。そして、次のような結論に至った。

志願者の多い大学に入学し、さらに人気教授のゼミナール（以下「ゼミ」と言う）を志望し、入ゼミ試験を経て幸運にも合格できた私は、残念ながら大学に不合格になってしまった人たち、諸般の事情により大学で学びたくても学べない人たち、大学に入学できても、希望のゼミに入れなかった人たちの無念を背負い、学ぶ環境を頂いている。また、両親からは学費を出してもらい、社会の人々が汗水をたらしながら一生懸命働き、その対価の一部分を税金という形で公に対して支払う形で日々世の中を良くしてくださっている一方で、自分は労働せず、納税せず、社会に対しては大した貢献をしていない反面、十分な自由時間を授かっている。これはとんでもない特権であると思った。

特権を持つ者に義務が生じるのであれば、当時の私が果たすべき義務は、与えられた時間をひたすら学問に充てることだと考え、実践した。今は十分に社会のお役に立てなくても、将来の世の中をリードし、社会を良い方向に導けるよう、学ぶことが今の自分の使命である、と。

そのため、周囲にはサークル活動やアルバイト、あるいは資格の勉強に精を出し、大学の講義に顔を出さない仲間も少なからずいたが、自分は大学生である以上、大学で学ぶことが本分であるとわきまえ、ゼミを含めた大学の講義への出席と、その内容の理解を深めるための予習と復習を最優先させていた。さらに時間があれば、次に優先させたのは読書であった。いつか指導的立場に立って後進を指導・育成すべき時機が自分にも来ることと信じ、中国古典やマックス・ヴェーバー、司馬遼太郎、松下幸之助、中村天風、安岡正篤らの著作、さらにはビジネス書を率先して読み、どうしたら周囲から人望を集められる人間になれるかを模索していた。

大学も四年生になれば、後輩がゼミに入ってくる。そして、経済学の専門課程を一年間しっかりと学べばその差は大きいため、後輩をある程度指導できるようになる。種明かしをすると彼らにいくぶん申し訳ないが、彼ら後輩を擬似的に部下に見立て、将来のノブレス・オブリージュ実践の実験台になってもらっていた。非常におこがましくも、彼らの成長を第一に想っていれば、彼らも自分を慕ってくれることを生きた経験として学ぶことができ、それが何より自分の成長につながった。その意味では、当時の私のちょっとした実験は成功だったと考えている。

若手社会人の「ノブレス・オブリージュ」実践例

大学を卒業すると、私は公認会計士の資格浪人をすることになる。大学生時代は、簡単に合格できるものではない資格の勉強の優先順位を、大学の学業や読書よりも下に置いていたので、当然と言えば当然だった。一年少々の浪人期間は、ある意味では想定の範囲内であった。

大学卒業を境に、資格の勉強を最優先事項に切り替えた結果、8・4パーセントという決して高くない合格率の中、幸運にも最小限の浪人期間で合格することができた。一般的に合格者の多くは、大手の監査法人に入所することになるが、私の合格した平成15年（2003年）は、業界内でここ数十年の間で類を見ないほどの就職氷河期が到来しており、せっかく合格しても残念ながら監査法人に入れない人が続出した年でもあった。

そのような中で、幸運にも一つの大手監査法人に入所し、晴れて社会人としてのキャリアを歩めることになった。社会人となれば、学生時代より一層責任感を持って仕事にあたらなければならない。さらに自分の仕事が社会と直接、間接につながり、得た収入の一部を納税して社会に還元させながら、世の中で生活する人々に対し、責務を果たしていくことになる。

加えて、私一人の合格に対し、単純計算で約11人、悔し涙を流した人がいること、また、合格してもすぐに就職できなかった人が何人もいることを想い、その人たちの分まで、自分が目の前の仕事に最大限集中することが、当時の私が考えた新たなノブレス・オブリージュになった。

上司から任された職務の範囲においては、自分が上司以上に熟知、熟達する必要がある。

そのためには、細かな論点までしっかり押さえ、説明を求められれば答えられるように、徹底的に準備を進めなければならない。その意味で、その職務範囲では部下が上司をリードする局面が生じる故に、部下が上司に対してノブレス・オブリージュを負うことも普通に起きる。

しかし、そうは言っても、実務経験がなく、机上の勉学だけしかやってこなかった学生上がりが、いきなり即戦力になれるような甘い世界ではない。私も多くの新入社員の例に漏れず、仕事では何度も失敗しては上司に叱られた。叱られた内容の範囲は、単に仕事上の技術的なミスに限らず、マナーや態度の面に至るまで多岐にわたり、今思い出すだけでも恥ずかしい限りだ。ただ、私が非常に幸運だったのは、自分の成長を願って本気で叱ってくださる上司、先輩が何人もいたことだ。

部下を叱るには、相当の覚悟とエネルギーを必要とする。昨今の風潮では、本人に対して善かれと思って叱っても、逆にハラスメントと捉えられるリスクすらある始末で、本気で叱ってくれる上司は珍しくなりつつあるように思える。そうしたリスクを承知で、自分を叱ってくださったことに対して感謝し、素直に自分の非を認め、同じ過ちを二度と繰り返さないことが、上司に対する報恩の第一歩になるのではないか。

若手時代はなかなか仕事が思うように行かず、悩むことが多いことは私も経験した通りだが、若手であるからこそ自分の失敗の最終責任は上司が負うという特権もある。特権があれば表裏一体的に義務が生じるのがノブレス・オブリージュの考え方だから、仕事で即戦力とはならなくても、自分から元気に挨拶する、いつも笑顔を絶やさない、率先していじられキャラになって職場のムードを明るくする、といったことも、若手社員としてのノブレス・オブリージュと考えて、私が意図的に実践したことだった。

「心が変われば態度が変わる　態度が変われば行動が変わる」は真理

以上、私が学生時代、若手社会人時代を通じてノブレス・オブリージュを自分なりに実践した例だが、これらはあくまで一例に過ぎず、中堅、ベテランの社会人の方々にあっては、別の方法で実践された経験があるかもしれない。大事な要点は、本項の冒頭に示した通り、どう行動するかの前に「まず思う」ことにある。

プロ野球ヤクルト、阪神、楽天の三球団で監督を務め、名将として名高い野村克也氏が、著書『野村ノート』にて、ヒンズー教の訓(おし)えを表す言葉として「心が変われば態度が変わ

る　態度が変われば行動が変わる」を紹介されているが、裏を返せば、行動を生み出す源泉が心であるということである。

その言葉の後には「行動が変われば習慣が変わる　習慣が変われば人格が変わる　人格が変われば運命が変わる　運命が変われば人生が変わる」と続く。日本を代表する経営者である松下氏が『素直な心になるために』から『運命を生かす』、『人生心得帖』まで、稲盛氏が『心。』から『生き方』、『幸せな人生をおくるために』まで、この訓えに登場した「心」「行動」「習慣」「人格」「運命」「人生」をテーマとした著作を数多く残されているのも、決して偶然ではないだろう。

武士道流に言えば「ノブレス・オブリージュ」だが、どのような言い方であれ、経営者、ビジネスパーソン、さらには一人の人間として正しい義務感、使命感、責任感、倫理観を心に持つことが、その人の人生を豊かにし、その人が率いる組織を発展させる第一歩となることは、疑いようのない真理である。

2 自らの人生、自社の経営に責任を取る覚悟を決める

武士に学ぶ心の鍛錬

武士道をビジネスに活かすための次なる項目は「自らの人生・自社の経営に責任を取る覚悟を決める」ということを挙げたい。これは第一項と同じ意識上のあり方を論点としており、広い意味ではノブレス・オブリージュの精神に包含されると言える。ただ、この覚悟を決めることも、ビジネスを行う上で、さらに言えば、自発的・積極的で自由な人生を送る上で、非常に重要であるので、あえて単独項目として切り出した。

新渡戸博士は、『武士道』の「第十章　武士の教育および訓練」「第十一章　克己」「第十二章　自殺および復仇の制度」にわたって、かつての武士がいかに己を鍛え上げ、強靭な人格と精神力を身につけたのかを描いている。

武士の鍛錬とは、一言で言えばストイックに修行に勤(いそ)しむことである。その鍛錬は、『武

士道』に描かれているように、剣、弓、槍などの武術や馬術をはじめとした肉体的鍛錬、書道、素読・読書、歴史、兵法などの知的鍛錬、そして、喜怒哀楽を表情に出さない忍耐、座禅・瞑想による精神統一といった精神的鍛錬に大別される。武士が実践した精神的鍛錬には、自らが主君から切腹を命じられた場合や、捕縛されて打ち首になる場合など、死を想定したイメージトレーニングまであったという。

我々現代人にとっても、当時と内容こそ異なれ、肉体的鍛錬や知的鍛錬はなじみが深いだろう。一方で、精神的鍛錬については、自分で意図的に実践しない限りは、なじみが薄いのではないだろうか。

幸運なことに、現代にあっては、かつての武士たち（中でも鎌倉時代や戦国時代に生きた武士たち）ほどに命の危険に日常的にさらされることは極めて少なくなっている。そのため、彼らほどに死を覚悟して、ストイックに精神的鍛錬を行う必要はないだろう。だが、武士道に学ぶことがあるとすれば、座禅・瞑想による精神統一を通じて、自分の人生に自分で責任を持つ覚悟を決めて、人生を全うすることである。会社などの経営者であれば、自らが率いる組織に対しても自分で責任を持つ覚悟を決めて、経営者としての職責を果たすことも加わる。

大経営者スティーブ・ジョブズも取り入れた武士道流鍛錬

米アップルの創業者兼経営者としてMacやiPhoneをはじめ数々の画期的な商品やサービスを世に送り、私たちのライフスタイルをがらりと変えたスティーブ・ジョブズ氏は、日本の「禅」に造詣が深く、座禅・瞑想を生活習慣に取り入れていたことでも知られている。

『武士道』の「第二章　武士道の淵源」にて、武士道のルーツに仏教、神道、儒教の三つの思想があることが説明されているが、この禅は、仏教の流れを汲む思想である。

新渡戸博士の説明を私の言葉に置き換えさせていただくと、禅とは、「瞑想によって言語の領域を超越し、心を限りなく無の境地に到達させることで宇宙の絶対的真理を直覚し、もって自己を宇宙と調和させ、宇宙と一体となること」となる。そうであるとすると、禅を完全に体得すれば、自らの意思がすなわち宇宙の意思となる。

我が国で禅宗が栄えたのは鎌倉時代であった。戦うことを職業とし、命の危険と隣り合わせであった武士たちは、常に死を意識しなければならない環境にあった。そのような中、人生のはかなさを想い、生きること、そして死ぬことの意味を問い続け、彼らは禅と向き合った。その結果、自己の死生観を確立し、生きる覚悟、死ぬ覚悟を身につけたのだ。当時、幕府のあった神奈川県の鎌倉に禅宗のお寺が多いのはその名残りである。

かつての武士たちと同じ形で、ジョブズ氏も禅によって宇宙の真理に触れ、迷いを払い、さらには斬新なアイデアを次から次へと形にしていったのだろう。

なお、ジョブズ氏と言えば、２００５年、母校の米スタンフォード大学の卒業式で語った次の「伝説のスピーチ」も有名だ。

「あなたの時間は限られている。だから他人の人生を生きたりして無駄に過ごしてはいけない。既存の教条（ドグマ）にとらわれるな。それは他人の考えた結果で生きていることなのだから。他人の意見が雑音のようにあなたの内面の声をかき消したりすることのないようにしなさい。そして最も重要なのは、自分の心と直感を信じる勇気を持ちなさい。それはどういうわけかあなたが本当になりたいものをすでによく知っているのだから。それ以外のことは、全部二の次の意味しかない」

この言葉を一語一語噛みしめていくと、武士道と同じルーツを持つ「禅」の思想が色濃く反映されていることがわかるはずだ。私たち一人ひとりが自分らしく幸せに生きるためには、他人の人生ではなく、自分の人生を生き切る覚悟が必要だ。

これからお伝えすることは私自身の瞑想体験から得た仮説だが、もし、宇宙に絶対的真理（あるいは唯一絶対なる神、宇宙の意思）があり、私たちが自分らしく生きるための材料は、すでに全部自己の内面に授けられているのならば、座禅・瞑想は、覚悟を磨き精神力を高めるだけでなく、その自分らしく生きる材料を、自己の内面から探し出すことにもつながるのだ。ジョブズ氏の言葉の「自分の心と直感を信じる勇気を持ちなさい。それはどういうわけかあなたが本当になりたいものをすでによく知っているのだから」のくだりは、まさしくそのことを言っているのだと私は解釈している。忙しい現代人だからこそ、意図的に瞑想することにより、自己の内面を見つめる時間を作り出すことが極めて重要である。

不遇を言い訳にしない

ただし、覚悟を決めればいいことしか起こらなくなるかというと、当然そんな訳はない。いいこともあるが、嫌なこと、不都合なことも起こる。ただ、そうした事象に対する捉え方が変わってくる。

景気が悪い、政治が悪い、自社の商品・サービスの良さを埋解しない顧客が悪い、自分の能力やアイデアを理解しない上司や部下・同僚が悪い等々、とかく人間は自分の不遇の責任を、自分以外の環境や人に押しつけがちだ。だが、ここで「覚悟を決める」と言っているのは、こうした責任を自らが背負うことに他ならない。

景気が悪くても、良い商品や良いサービス、さらに場合によっては売る人の人柄が良ければ売れ続ける。政治が悪ければ、より良い政治家を選ぶほか、自らが政治家として立候補するなどして、政治を良くするために働きかけることもできる。周囲の人に理解されず不満を抱えているなら、もっと理解してもらえるように自分の考えていることを丁寧に伝える。それでも駄目なら距離を置く、あるいはその組織を去るなど、考え方や工夫次第で、自分が打てる策は無数に出るはずだ。要するに、うまくいかないことも含めて自分の人生、自分の経営の責任であり、自分が打ち手をどう打つか次第で打開できると思うことが大切だ。

最近は「親ガチャ」という言葉が頻繁に使われるようになった。この両親のもとに生まれ落ちたことが自らの不幸の根本的な原因だというネガティブなニュアンスを含み、諦念（ていねん）にも似た考え方として特に若者の間で定着している。この言葉を、ネガティブな意味で使用する人々は、やはりそれなりの事情を抱えているのかもしれないが、不幸を自分以外のせいにしているように感じられるので、まだ本当の意味で覚悟が決まっていないのだろう。

「自分は裕福でもなければ優しくもない親のもとに生まれてしまった。裕福で優しい親のもとに生まれた子が羨ましい」ということだろうか。ただ、どう転んでも自分の生まれ落ちた運命を変えることはできないのだから、いくらない物ねだりをしたところで仕方ない。確かに、裕福な家の子よりも教育等の面でハンディキャップを背負っているかもしれないが、捉え方によっては、嫌でも人一倍努力せざるを得ない幸運な環境にあるとも言える。

「艱難(かんなん)汝を玉にす」との言葉があるように、人間は多くの苦しみや困難を乗り越えて初めて立派な人となれる。自ら好んで困難な環境に身を置きたがる人は極めて少ない世の中だから、それは、見方によれば幸運でもある。

しかも、不平や不満があるということは、裏を返せば理想があるということだ。さらに言えば、より良い環境づくりに向けて、努力や工夫ができる余地もある。不平や不満を、努力や工夫をしないための言い訳とするのではなく、努力や工夫をするためのエネルギーに換えていくことが求められる。

3 より多くの人々の幸せを想って自らのミッションを定める

ミッションを定めることの意義

次に、経営者や組織のリーダーであれば「この組織は何のために存在するのか」、個人であれば「自分は何のために生きるのか」というミッションを、自ら定義することになる。ミッションは、日本語では使命や任務と訳される。「志」と言い換えても構わない。ビジネス用語としても社是、経営理念、企業理念、創業の精神等、他にもいろいろな呼び方があるが、ここではいずれも同義と捉え、統一して「ミッション」と呼ぶこととする。これは武士道的観点から見ても、「義」に相当し、組織または個人のノブレス・オブリージュを明文化することとも捉えることができる。このように極めて重要な組織又は個人の信条や存在理由を定義づけるものだから、他人に決めてもらうものではなく、自らが決定するほかない。

王陽明の『王文成公全書』には、次のような言葉がある。

「学は志を立つるより先なるはなし」（学んで自分を磨くためには、志を立てることが先決である。巻七）

「志立たざるは、舵なきの舟、銜なき馬の如し。漂蕩奔逸して、終にまた何の底る所ぞや」（志が立っていないのは、舵のない舟、銜のない馬のようなもの。漂ったり勝手に走り出したりして、どこへ行きつくのかわからない。巻二十六）

前者は、自らの向かう方向を定める際の志・ミッションの必要性を説いており、後者は、志・ミッションがなければ、向かうべき方向性が定まらず右往左往してしまうことを説いている。

ミッションは、いわば組織または個人の憲法第一条のようなもので、いくら時代やトレンドが変わっても原則として変化しないものだから、後述する「ビジョン」などよりも一層普遍性や抽象度が高くなる。しかし、それだけ重要であるがゆえに、一朝一夕に確立できるものではなく、十分に時間をかけて、慎重に洗練させるべきものでもある。

大企業をはじめ、企業ミッションを掲げている企業は多いが、企業に限らず、部門や工場、サークルのミッションがあっても全く不思議ではなく、むしろあることが望ましいとさえ言える。同じように、家族や個人のミッションも、あることが望ましい。

私自身も、30歳を前にスティーブン・R・コヴィー氏の大ベストセラー『7つの習慣』を読んでこの重要性に気づき、「21世紀に生きる侍として、日本の伝統精神を受け継ぐとともに後世に引き継ぎ、現在および未来に生きる人々の物心両面の幸福増進に寄与する」という個人ミッションを定めて現在に至っている。

組織でも個人でも、ミッションを定めることは大きく二つの意義があると私は思っている。

第一には、意思決定の拠り所となる指針が明らかになることにより、自らの判断と行動に一貫性が生まれる。意思決定において判断が必要な局面に遭遇しても、ミッションに照らしてどちらが正しいか、に沿って考えることになるので迷いも少なくなり、その後の実行局面においても力強く推進できることが期待される。『論語』に「君子は義に喩（さと）り、小人は利に喩る」（里仁第四）というように、立派な人は、利益よりも義を最優先して考える。その義を言葉で表現したものこそがミッションである。

第二には、ミッションをメッセージとして発信することで志を同じくする仲間を集め、さらに組織であれば、強固な組織作りが可能となる。つまり『論語』に「朋有り、遠方より來る」（学而第一）と、『孫子』に「上下の欲を同じうする者は勝つ」（謀攻篇第三）とある通り、仲間をわざわざ遠方から集める求心力、リーダーとメンバーの心を合わせる求心力こそが、いずれもミッションであることに他ならない。

他者と自分とのWin-Win関係をいかに築くか

「ビジネスの要諦は何か」と問われたら、様々な方々から様々な回答が出るかもしれないが、私がこれに端的に回答するとすれば、「他者と自社（自分）とのWin-Win関係をいかに築くか」だと思っている。親鸞上人や道元禅師の説かれた「自利利他」と言い換えても構わない。ともかくも、何をもってWinと呼ぶかは状況により異なるが、まずは当事者同士の感性に従った定義が求められる。

関係者のいずれもが損を被るLose-Loseの関係はもちろんのこと、いずれか一方でも損を被るWin-Loseの関係では、ビジネス上の関係が長続きすることは決してあり得ない。ここで関係者とは単に売り手、買い手にとどまらず、近江商人の「三方よし」で言うところの「世間」も含まれることは言うまでもない。したがって、売り手、買い手がともにWinであっても、例えばその取引の結果公害が発生し、近隣住民が損を被るWin-Win-Loseの関係も、長きにわたって取引が続くものにはならないことは、我が国の戦後の歴史を見ただけでも明らかである。

武士道は、損得を度外視し、自らを犠牲にする精神を求めるので、自分がLoseとなっても相手や世間がWinであれば構わないとも考えられる。確かに、多くの取引のうちの一部で、自らがLoseとなっても実行すべきと決断することも必要かもしれないが、結論としては、自らもWinを得ることが大前提だと思っている。

このWinかLoseかの判定は、必ずしも金銭・利益の要素に限られるものではない。義が利益よりも上位に位置する概念であるとは言っても、やはり利益も非常に重要な要素である。私は会計士だから、その重要性を一般の方以上に強く認識しているつもりだ。企業体であればなおさらだが、利益は、その主体の存続および発展に欠かせないエンジンだからである。毎年赤字を出し続けてしまうと、バランスシートは悪化し、いずれは倒産の憂き目に遭ってしまう。これでは、自らが掲げたミッションも実行できず、それから先、より多くの人々の役に立つことができない。そのため、究極的には自らも利する Win-Win

関係の構築以外にビジネスの継続はあり得ないのだ。

その意味で、武士が損得勘定を度外視していた時代から変化したことに伴う思考の軌道修正が必要であり、現代ビジネスを生きる上では、より多くの人々に役立てられるように、損得計算の基となる会計の基礎知識は持つ必要があると考える。要は、自分もWinを得ながらもそれを独占することなく、取引関係者や世間とともにその果実を分け合う「仁」の発想を武士道から学ぶべきなのだ。

具体的な「他者」の五主体とは

『日本でいちばん大切にしたい会社』シリーズの著作で有名な経営学者で、人を大切にする経営学会の会長でもあられる坂本光司先生は、「三方よし」の考え方を発展させた「五方よし」の経営を提唱されている。すなわち、「社員とその家族」「社外社員（取引先・協力企業等）とその家族」「現在顧客と未来顧客」「地域住民、とりわけ障がい者等社会的弱者」「株主・支援機関等」の五者の幸せを最大目的にした経営こそが正しい経営であると説かれている。

企業のミッションを定める際にも、この五者の幸せを想い、かつ経営者だけではなく、極力組織内の全てのメンバーも巻き込んで考えることが有用だ。その理由は、自社のミッション定義に自らが参画したという当事者意識が、一人ひとりのモチベーションの向上に繋がるためである。

彼らの幸せに対して自社はどのように貢献していくかを社員全員で真剣に考えた上で、それを最大公約数的にシンプルに表現するというミッション定義の一連のプロセスは、実に相当の時間とエネルギーを要するが、武士道流に言えば「仁」の心を込めて「義」の魂を組織に注入する、厳粛な儀式と言えるのではないだろうか。

先に触れたように、『孟子』には、「仁は人の心なり、義は人の路なり」(告子章句上)とある。吉田松陰が『講孟余話』の中で論じられるように、「仁」と「義」は実質的にはその人に内在する同じ一つの徳性から流れ出るものであるから、これら二つの概念をあえて明確に区分して考える必要はないように思われる。その分、ミッションを考える人の知性に頼るよりも、その人たちの徳性や感性を研ぎ澄ませ、内面にある「思い」を言葉にしてあぶりだすという点にご留意いただきたい。

動機善なりや、私心なかりしか

西郷隆盛と同じ鹿児島のご出身で、自身も西郷の言葉「敬天愛人」（天道を守り、仁の心をもって人々を愛する、の意）を座右の銘とした稲盛和夫氏は、経営における利他の心の必要性を説いている。

稲盛氏は、全ての判断基準を「人間として何が正しいか」に置き、「世のため人のため」という私心の全くない、善なる動機から生まれてくるものでなければならないとし、経営者として、そして一人の人間として、私たち後進の模範となって生涯を全うされ、令和4年（2022年）に鬼籍に入られた。

稲盛氏が、規制緩和により長距離通信事業の新規参入が認められた1984年に第二電電を創立するに際して、当時毎晩、自問自答を繰り返したという。「私が電気通信事業に乗り出そうとするのは、本当に大衆のために長距離通話料金を安くしたいという純粋な動機からだけなのか」「自分を世間によく見せたいという私心がありはしないか」「単なるスタンドプレーではないのか」。半年近く悩み抜いた末に、ようやく「動機は善であり、私心はない」と確信し、参入を決意した。

稲盛氏のように、「義」に「仁」が根付いているか、徹底的に考え抜く。「動機善なりや、私心なかりしか」という自らへの問いかけは、私たちが自らのミッションを考える上で、大きなヒントを与えてくれる。

4 ミッションを、詳細な実行計画に落とし込む

「義」を具体的に実践するための準備とは

「義」であるミッションが固まったら、次はこれを実行に移すための準備が必要だ。ここから実行準備が完了するまでの間はテクニカルな話が中心になるため、武士道の精神は直接的には関係しない。また、一人ひとりの個人レベルでもあると望ましいことではあるが、属するメンバーの足並みを揃える必要性から企業等の組織において特に重要なので、

組織を想定して話を進めさせていただく。

大きな概略として策定すべきものは、ビジョンとバリュー、戦略、戦術（中長期実行計画、詳細実行計画）である。この順序で、組織ミッションを徐々にブレークダウンし、最後は具体的なアクションプランに落とし込む。

まずはビジョンの策定だ。ビジョンは、ミッションを実行したときに実現する、組織の将来のありたい姿・目指す姿を意味する。実際の大企業でも、ビジョンと言いながらミッションを具体化しているか、あるいは補足しているケースが見られるので、この二つを明確に区分するために、「VISION 2030」「VISION 2035」のように、5年や10年、またはそれ以上の中長期スパンで、その時点までに達成すべきゴール像を、極力客観的に描写できることを推奨する。また、ミッションがより普遍性を持つ概念であるのに対し、ビジョンはその時その時の組織の成長度合いに応じて、長期的には変わっていくものと解釈できる。

そのビジョンを実現するために組織で尊重されるべき価値観がバリューと呼ばれる。バリューは、端的に三〜五つ程度にまとめることが望ましく、さらに、例えばすでに触れた「五方よし」の五者に対してどのような価値を提供するかの行動指針を盛り込むとなおよい。

一方で、ミッションよりも具体的に、このビジョンを実現するために何をするか、進むべき方向性やシナリオを定めたものが戦略である。戦略は、その粒度や切り口によってグループ戦略や単体企業戦略、事業別戦略、あるいは営業戦略や開発戦略などの機能別戦略などに分類される。また戦略は、将来ビジョンと現状とのギャップから、そのギャップを埋めるために各組織や部門で大局的に行わなければならないことを洗い出したものとも言える。

そして、その戦略を具体的に実現する手段が戦術だ。戦略が、英語で言うとWHATであるのに対し、戦術はHOW TOに当たる。とりわけ、新規事業の創出、新製品の開発、新規市場の開拓、M&A、新基幹システムの導入など、明確なゴールがあり、非定常的な性格を有する案件は通常プロジェクトチームが組成され、中長期や短期の実行計画に落とし込まれる。

一貫性を保って計画を詳細化していき、「誰が」「何を」「いつ」やるかに落とし込む

短期すなわちおおむね一年以内の期間に達成すべき目標に対しては、ガントチャート、

またはワーク・ブレークダウン・ストラクチャー（ＷＢＳ）の形で、実施すべき作業を漏れなく洗い出し、進捗管理することが望まれる。不確実性が高い案件ほど計画と実績の乖離が大きくなる。計画期間を長くしすぎると計画修正が頻繁に発生してしまうので、適切な期間に区切り、その後の計画はまたプロジェクトが進行した後に作成するなどの工夫が必要である。

詳細な短期の実行計画に落とし込むまでに必要なポイントは次の通りである。

・プロジェクトの最終ゴールから逆算して、適切に中間ゴール（マイルストーン）を区切る
・ツリー構造を意識して漏れや重複をなくし、ミッションからの首尾一貫性を保つ
・一人一作業となるまでに細分化し、「誰が」「いつ」「何をするか」がわかるようにする
・プロジェクト管理は、全プロセスを最短時間で完了するために最も時間の要する作業経路である「クリティカル・パス」に集中する

・実績が計画と乖離しだしたら、柔軟に計画を修正する

駆け足となってしまったが、おおむね以上で、ミッションを実行するための具体的な段取りが整う。

「義」を「勇」でもって実行できる人こそが現代に生きるサムライ

これでいよいよミッションである「義」を実行する段階に入る。計画は紙の上で練ったものであるので、手足を使って実行していかない限りは、それこそ絵に描いた餅に過ぎない。しかしながら、組織でも個人でも、いくら綿密な計画を策定したところで、ビジネスを遂行していく限り、リスクは伴う。人間が全知全能ではない以上、リスクは少なく抑えることができても、完全にゼロにすることはできない。いざ実行する段となると、失敗の恐怖に直面し、なかなかその第一歩が踏み出せないのはそのせいである。ましてや、昨今のように世の中全体に不確実性が増大している環境で、非定常的な大事業に進出しようと思

えば、なおさらリスクは大きくなる。

『武士道』は、その一歩を踏み出す力が「勇」である、と私たちに教えてくれている。義と勇は双生児の兄弟であり、勇は義を実行する原動力である。この関係は、ビジネスで言えば、まさしく人々の幸せを願うミッションを、勇気をもって実行することに当たるのではないだろうか。より多くの人々の幸せに直結する「義」を掲げる人であるほど、「義を見て爲さざるは勇なきなり」（論語・爲政第二）と自らを鼓舞し、リスクを承知で実行に舵を切る責務があり、実際に実行できる勢いを持っているのだ。

ヤマト運輸の小倉昌男社長に学ぶ「勇」の実行力

ヤマト運輸の二代目社長・小倉昌男氏は、企業の業績が低迷していた昭和51年（１９７６年）、当初は全役員からの反対にあったものの地道に説得を続け、個人宅配市場に参入を決断した。当時、ヤマト運輸は商業貨物の配送を主要事業に据え、三越をはじめとした百貨店や、松下電器産業をはじめとした製造業を大口得意先に持っていたし、不特定多数の荷主や貨物を対象とする個人宅配市場は、集配が非効率で到底採算が取れないものと、世間一般では考えられていた。

ところが、個人宅配市場が必ず成長していくことを信じ、この新規事業に集中すべく「清水の舞台から飛び降りる気持ち」で、こうした大得意先との取引を解消していった。さらに、「サービスが先、利益が後」というモットーを掲げ、需要者の立場に立ったサービスを徹底的に追求した結果、事業は急激な勢いで伸びていき、わずか五年後の昭和55年（1980年）には損益分岐点超えを達成した。事業推進の過程では、営業区域拡大の目的で路線免許延長の申請をしたにもかかわらず、五年も六年も棚ざらしにして免許を付与しなかった運輸省（現・国土交通省）を相手取り、訴訟まで起こしたという。

今となっては「宅急便」として日本人なら誰もが知っている宅配サービスだが、事業開始からこうした様々な困難を乗り越えて、現在の発展に繋がっている。

「自ら反（かえり）みて縮（なお）ければ、千萬人と雖（いえど）も吾往かん」（『孟子』公孫丑章句上）の言葉通り、貫いミッションを持った人物は、一般の人の眼から見ればハイリスクで非合理に映る場合でも、自らに義があることを信じ、確固たる決意をもって事に当たれば、最後は困難をはねのけて成功を収めることができる、という真理を教えてくれるエピソードではないだろうか。

加えて、話はやや横道にそれるが、「サービスが先、利益が後」というモットーについても、「徳は本なり、財は末なり」（大学）に通じる真理のようである。これは『小倉昌男経営学』で自ら述べられているが、決して利益を軽視されているわけではない。「先に利益を考えることをやめ、まず良いサービスを提供することに懸命の努力をすれば、結果として利益は必ずついてくる。それがこの言葉の本意である」と説かれている。

「徳は本なり、財は末なり」が登場する大学の一節を一つの企業にあてはめて現代語訳すると、「トップが徳を充実させると、自然に社員が帰服してくる。社員が帰服してくると、自然にサービスが良くなる。サービスが良くなると、企業が潤い、企業の取引も活発になる。したがって、利益よりもサービス、さらには徳が先なのだ」といったところだろうか。ヤマト運輸が絶えずサービスを向上してきた背景に、小倉氏ご自身の徳の高さがあられたことは想像に難くない。

5 常にワーストケースを想定し、何が起きても動じない胆力を身につける

志士は溝壑に在るを忘れず

そもそも計画は将来の脚本であり、おおむね計画通りに進められれば御の字だが、そうなるケースはむしろ少ない方だろう。特に、経営環境の変化が著しい業界であれば、計画通りに進まないことの方が当たり前である。だからといって、決して計画は作らなくていい訳ではない。

であれば、どうすればいいか。計画策定中でも計画を実行した後でも、当初の予定通りにいかない「最悪のケース」を含めた「想定されるケース」を可能な限り多く洗い出し、想定外のケースというものを極小化するのだ。例えば新規の事業や市場に進出した場合、「何年後にこの程度の売上高しか達成できなければ、その事業や市場から撤退する」という撤退基準を設定すれば、それ以上にずるずると損失を広げる失敗を回避できるだろう。

『孟子』の「志士は溝壑に在るを忘れず、勇士はその元を喪うを忘れず」（滕文公章句下）という言葉はすでに触れたが、かつての日本の武士たちも、その幼少時代からこれを暗唱し、武士として生まれた宿命を受け入れ、勇気と覚悟を鼓舞していたことだろう。

こうした当時の時代背景と比べると、現代はたとえビジネスで失敗しても、飢え死にしたり、ましてや首を取られることは考えなくていいほど、平和な時代となっている。だが、普段から死を意識する必要がなくなったが故に、覚悟を磨くきっかけがつかめず、どうしても人生を惰性で過ごしがちになってしまう。こんな時代だからこそ、どんなに失敗しても命まで取られることはないと割り切り、挑戦を続けるリーダーが強く必要とされているのだ。

当初計画時に設定した前提条件が変わってきたら、計画を柔軟に修正する

計画策定の際には、必要な投資予算、要員数、期間、将来の市場規模、達成できるマーケットシェア、価格等々、様々な要素を仮説として前提に置く。私もコンサルタントとしてクライアントの事業計画策定を支援しているが、いくら入念に過去データの趨勢や傾向等を

分析し、将来動向を予測しようとしても、多かれ少なかれ実際とは乖離してしまう。特に、実際と計画があまりにも乖離し、計画達成が非現実的と判断される場合には、達成が現実的となる水準に、迅速かつ柔軟に修正する必要がある。

もし、事前に複数のケースを想定していれば、そもそも修正が必要かどうかの判断もスムーズだ。修正が必要と判断しても、その修正作業もより短時間で行える。

いずれにしても、当初策定した計画に固執する必要はなく、計画進行上の過程で適宜見直しをかけながら、現時点の最新情報に計画をアップデートしていけばよいのである。

逆境にあっても常に義の心を失わず、平然としていられるのが一流の武士

企業経営においても、あるいは一人ひとりのキャリアや人生においても、自らの努力とは無関係に不運に直面することはどうしても避けることはできない。山あり谷ありの中、特に谷底の境遇にあるとき、私たちはどんな心構えでいるべきなのか。

『孟子』の「士は窮しても義を失わず、達しても道を離れず」（盡心章句上）はすでに紹介した言葉だが、実はこれには前段、後段がある。前段で孟子は、「人之を知るも亦た

囂囂たれ、人知らざるも亦た囂囂たれ」、順境にあって人々が自分を理解し認めてくれても、逆境にあって人々から理解されず認めてくれなくても、常に平然としていることだと説く。聞き手からはどのようにすれば平然としていられるのかと質問され、こう答える。「徳を尊び義を楽しめば、則ち以て囂囂たるべし」。徳を尊び、義を楽しむことさえできれば、常に平然としていることができる、と言う。

後段は、「古の人、志を得れば澤民に加わり、志を得ざれば身を脩めて世に見る。窮すれば則ち獨り其の身を善くし、達すれば則ち天下を兼ね善くす」と続く。

「昔の賢者は、志を得て栄達できた時は、本人の徳から生じる恵沢が人々に行き渡り、また、志を得られず野にいる時はただ一人自らを磨き上げ、その結果、後に自然と名声が世間に知られることとなった。逆境の時はただ一人自己の研鑽に努め、順境にあってはさらに世の中をもより善くしていったのだ」と言う。

吉田松陰が『講孟余話』の中で、「この章は大いに我が意を得たものである。ぜひ何度も繰り返し声に出して読んでほしい」と大絶賛するほどであり、私も大いに賛同する。逆境の不遇な時代を過ごすことは誰もが経験する道である。こうした境遇を嘆くのはほどほどにして、「天の将に大任をこの人に降さんとするや…」の言葉を思い出し、自分を徹底的に磨き、成長させる絶好のチャンスと捉える心の余裕が欲しい。

　こうした状況を経営にあてはめれば、「好不況に一喜一憂せず、泰然と構えていることが肝要である。不況であろうとミッションから外れた意思決定はせず、好況であっても身の丈を超える過剰な拡大路線は図らない。不況の時こそ、自社の製品・サービスの品質改善・技術の向上に取り組め」となるだろう。松下幸之助氏の「好況よし、不況さらによし」に相通じる考え方でもある。こうした教訓を忘れ、バブル景気に浮かれ、その崩壊とともに衰退の憂き目を見た数々の大企業を反面教師として学ぶことも大切である。

四章

武士道の徳目を現代ビジネスの実践に活かす

「礼」「誠」「名誉」「忠義」

前章では「義」「仁」「勇」の徳目によって「思いを実行に移す」という骨子部分について書いてきた。本章では、「礼」「誠」「名誉」「忠義」の徳目によって、現代を生きる中でどのように肉付けさせていけるか、その例を考えていきたい。もちろん人によってその表現の仕方は様々であるため、本章で書くことは一例に過ぎないが、少しでも参考になる部分があれば幸甚である。

6 立ち居振る舞い、ビジネスマナーや身なり、挨拶に気を遣う

礼は自己の内面の徳のあらわれ

ここでは、『武士道』に言うところの「礼」の重要性について論じてみたい。

新渡戸博士は、『武士道』の中で「礼」を諸徳の第一位に置くものではないとしながらも、先に述べられている「義」「勇」「仁」との相関性のある重要な徳であると説明されている。

現代のビジネスにおいても、肌身を清潔に保ち、髪形を整え、スーツに身を包み、取引先の初対面の方との挨拶の際には名刺交換を行い、宴会の席やタクシーの席には序列がある。これらはいわゆる「ビジネスマナー」と呼ばれ、一連の礼儀作法が存在している。

そして何より、礼の始まりは挨拶であり、職位の上下を問わず、朝、職場に着いたら、先にいる人たちに「おはようございます」と挨拶し、夕方の帰宅時には、まだ職場に残っている人たちに「お先に失礼します」と挨拶する。我ながら非常に当たり前のことを言っているのは重々承知しているのだが、あえて議題に挙げさせていただきたい。

新渡戸博士は、トーマス・カーライルの「衣装哲学」に、重要な思想的影響を受けたことは先に述べた通りであるが、この「衣装哲学」の言葉を借りると、礼儀作法は、その人の精神的内面の外衣だという。これを私なりに解釈すると、「礼は自己の内面の徳のあらわれ」ということになる。つまり、相手に対して挨拶を怠ったり、無礼な態度を取るということは、自らの徳のなさをさらけ出しているということになる。余談ながら、これはかつての私も職場の同僚やビジネスパートナーと派手にぶつかってきた手前、大いに反省すべき点である。相手に不快な思いをさせられたとしてもこれを耐え忍び、こちらから無礼な振る舞いをして相手に不快な思いをさせないことが真のサムライの姿であった。

まさしく『武士道』でも取り上げられている小笠原清務の「礼道の要は心を練るにあり。礼をもって端坐すれば兇人剣を取りて向うとも害を加うること能わず」の言葉通りであり、私自身もこの先まだ精神の修養を重ねなければならない。

礼の本義とは

お互いに礼をすることも、武士道にいう「礼」の一形態である。東洋哲学研究の大家・故安岡正篤先生によれば、お辞儀をすることは、単に自分を通して相手に敬意を表するだけにとどまらず、同時に、相手を通して自分が自分に敬意を表する、というのが本義であるという。礼を通じて人を敬し、己を敬することによって、初めて人間は自他ともに人間となるのである。

しかし、徐々にではあるが、礼をする文化が衰退しているように思えてならない。それと比例するように、子供や若者の自己肯定感が年々低下傾向にあるようだ。両者に相関関係を感じるのは私だけであろうか。

形からでもよいので、改めて先祖から受け継いだ礼儀作法を学び、実践することが、人間関係を良好にする第一歩になるばかりでなく、何より礼を実践する本人の自己肯定感を高めることに直結すると信じる。礼は疎かにせずに、是非意識して身につけていきたいものである。

自らが客や発注者の立場の時にこそ礼を尽くす

自分が客の時に、サービスを受ける相手に示す立ち居振る舞いから、その人の本性がわかる、という人間観察の手法があるが、これは実に言い得て妙である。

身近な例ではコンビニやスーパー、飲食店などの店員さん、タクシーの運転手さん、駅員さん、CAさん、宿泊施設のスタッフさんなどが挙げられる。ビジネスでも、自分がサービスを受ける側なので、発注先の方々、さらに部下の方々も含めていいだろう。自分がサービスを提供する立場である場合に比べて気を遣わないから、つい横柄な態度を取ってしまいがちになるが、そのような時にこそ自らの徳を意識的に高めていきたい。

そもそも、自分がお金を払う立場であるから、相手より立場が上にあると考えることは大きな誤りのもとだ。自分はお金を払っても、相手からのサービスと交換しているのだから、立場は対等なのだ。ここは勘違いしないように気を付けなければならない。相手がお金を受け取って「ありがとう」であると同時に、自分もサービスを受け取って「ありがとう」なのである。相手の「ありがとう」に対し、自分も「ありがとう」と返すことが、徳を養う上での第一歩ではないだろうか。

なお、私が会計士またはコンサルタントとしてサービスを提供する立場で、今まで数十社の企業にお世話になり、幸運にも何人もの人間的魅力のあふれる素晴らしいトップの方々とご縁をいただくことができた。トップの方が人格者である企業は、その下で働く役員・従業員の方々も、発注者のお立場ながら、例外なくほぼ全員が、私に対して礼を尽くした丁寧な接し方をしてくださった。私も一人の人間なので、単なる使い捨ての社外の業者と見られるよりも、大切なパートナーとして見られた方が、そのクライアント企業に対する忠誠心が高まるのが実情だ。その結果として、より高いパフォーマンスで報いることができたと実感している。この経験から、企業の社風を決定するのはトップの方の徳であり、結果的にその徳が企業のパフォーマンスに重大な影響を与えるのは明白だと断言できる。

ただ、昨今の世相を見ると、「お客様」がモンスター化し、店舗や企業に暴言を投げつける、あるいは理不尽な要求を突きつける「カスタマーハラスメント」が横行しているのは悲しい限りである。これは経済至上主義が行き過ぎ、子供に道徳を教えるべき大人までもが道徳を失っていることのあらわれだから、私たち大人からもう一度道徳を見つめ直す必要がある。

ポイントは、相手に対する感謝や敬意を持つこと

『武士道』でも述べられているが、「礼」を語る上で気をつけなければならないのが「虚礼」についてである。すでに触れた通り、真心の伴わない、うわべだけの礼儀が虚礼であり、「真実と誠実となくしては、礼儀は茶番であり芝居である」と戒めている。

「礼は自己の内面の徳のあらわれ」である反面、内面の徳がないにもかかわらず、あるように見せかける虚礼については大いに恥じなければならない。現代のビジネスで言えば、アパレルショップの店員による「お似合いですよ」や、床屋さんによる「お兄さん格好いいね」といった発言、さらには部下による上司への諸々の賛辞なども、本心から発したものでなければ虚礼に当たるだろう。したがって、自己の内面を虚飾なく形や言葉に表

すことを心掛けなければならない。

そのために、まずは内面の徳を磨くほかにない。具体的には、相手に対する感謝や敬意の感情を持つことから始めることをお薦めしたい。嘘も方便とは言われるが、例えばお店での接客もお世辞でしのごうとはせずに、数ある競合店がある中からわざわざ自店舗に足を運んでいただいたこと、選んでいただいたことに対する感謝の気持ちを、礼儀として表現すればよい。当然、職場の上司や周囲の同僚に対しても同様である。どんなに残念な人たちでも、その人がいるからこそ自分の仕事があるという、ポジティブな面を見つけ、感謝の意を表する。読者の皆様においては、中にはどうしてもこの人には感謝する気持ちにはなれないという人が一人や二人はいるかもしれないが、まずはできる人から、できる範囲で少しずつ輪を広げていけばいいのである。

以上は私が実践している一例で、自身もまだ全ての人々に対してそうした感謝や敬意を持てる境地に達した訳ではないが、感謝や敬意を持てる相手に対しては、自然と丁寧な態度で礼を表現できるようになったということだけは実体験から確実に言える。

7 法令と約束の遵守を徹底する

法令・約束の遵守は公に対する「誠」のはじまり

さらに「誠」の重要性にも触れていきたい。

『武士道』でも新渡戸博士が「正直は最善の政策」として、人生はもちろん、ビジネスにおいても正直・誠実であることが結局は経済的にも引き合うことを説いている。だが、引き合うが故に正直・誠実に振る舞うのではなく、かつての武士がそうであったように、自分に内在する徳性に基づいて常に正直・誠実であることを心掛けたいものだ。

私は、いかなる職業にあろうとも、正直・誠実を示すことの第一歩が、法令や契約、社内規約を含めたルールや約束事をしっかり守ることだと考えている。古くは「信なくんば立たず」(『論語』顔淵第十二)、そして現在でも「信用第一」と言われるように、自らに信用がなければ、長きにわたって取引を継続してくれる相手がいなくなってしまうのは明らかである。老舗と呼ばれる企業は、何十年、何百年にわたる商取引の中で正直・誠実を実践し、日々着実に従業員、取引先、顧客、地域社会、株主の信用を築き、決してその信用を失うような真似をしなかったからこそ、現在の繁栄を維持できているのである。

しかも、信用を築き上げるのには長い年月を要するが、近年の数々の企業不祥事を見ても明らかなように、信用を失うのは一瞬だ。不祥事を起こす企業や組織は、その前段階でルール違反を犯してしまっていると言っても過言ではない。最初は小さな違反であったとしても、隠蔽、改ざん、偽装、粉飾といった不正直・不誠実な対応を繰り返すことでいつか雪だるま式に大きくなっていき、最後は不祥事という形で世に知られてしまう。

だからこそ、正直・誠実を旨とし、常日頃から決められたルール、約束は徹底的に遵守する方が最後は引き合うのである。万が一トラブルが発生しても、包み隠さずすぐに責任者に報告し、問題が小さいうちに対処することで、大問題に発展する火種は消してゆける組織体制を構築することが求められる。

福澤諭吉に学ぶ法令遵守の考え方

新渡戸博士が五千円札の顔を務められていた時期に一万円札の顔となっていたのが福澤諭吉だ。福澤は、慶應義塾の創立者、現在も読み継がれる『学問のすゝめ』や『文明論之概略』などの著者、そして明治期に我が国の文明開化を先導した啓蒙家として知られているが、彼も実は中津藩（現在の大分県）の藩士の出であり、その教育は武士道で育った人物であった。

福澤の名著『学問のすゝめ』（六編）の中で、福澤の法令遵守に対する考え方を学べるエピソードがある。

慶應義塾に新しいアメリカ人を文学科学の教員として雇い入れようと、関係者が当時の東京府（都庁）に書類を準備し、出願申請を行ったのだが、「文部省（現在の文部科学省）の規則では、語学の教師としてならともかく、文学科学の教師としては本国アメリカでの学科卒業の証明書を所有していない場合は認めることができない」との理由で突き返されてしまう。

そこで、福澤自らも「このアメリカ人は卒業証書を所有していないが、能力は当塾の塾生を教えるに十分であり、また語学教師として願い出れば済むことではあるが、もとよりわが塾生は文学科学を学ぶつもりなので、語学などと嘘をつき、官を欺くことはあえて致しません」と嘆願書を送るが、文部省の規則は変更できないというので、これも返却されてしまう。

このために、採用予定の教師をみすみす不採用にせざるを得ず、「実に一私塾の不幸のみならず、天下文学のためにも大いなる妨げにて、馬鹿らしく苦々しきこと」と嘆いている。しかしそれでも、国法の貴さを思えばどうすることもできなかったという。

仮に形式だけでも語学の教師として申請すれば、申請自体はすんなりと認められたかもしれない。だが、「官を欺くは士君子の恥ずべきところ」として、ともかく謹（つつし）んで法令を守り、国民としての本分を間違えないことこそが最上の方策と考えたのだった。

どんなに悪法であっても、姑息な手段で抜け穴をかいくぐるのではなく、決められたルールは正々堂々と守り通す。この福澤流武士道精神から現代の私たちも学ぶことができるのではないだろうか。どうしても変えるべき悪法であれば、改正されるように働きかけるしかないのである。

8 常に正直であり、適正に情報を報告する

天網恢恢疎にして漏らさず

引き続き「誠」の重要性に触れていく。

「天網恢恢疎にして漏らさず」という言葉は良く知られている。元は、『老子』にある「天網恢恢疎にして失わず」（第七十三章）が原典だが、いずれも、「天の網は広く大きく粗いようだが、完璧に張りめぐらされているため、悪事を決して見過ごすことはない」との意味は共通している。

また『十八史略』（七巻）において、後漢王朝の時代、廉潔で知られる楊震という人物が王密という男に「どうかお受け取りください。こんな夜更け、このことは貴方と私だけしか知りません」と賄賂を渡されそうになった際に、「天知る、地知る、我知る、子知る、何ぞ知る者無しと謂うや」（天が知っている、地が知っている、私も知っているし、そな

たも知っているではないか。どうして知る者がいないなどと言えようか）とはね返したという話も、一度は耳に触れたことがあるのではないだろうか。こちらも、不正行為はいつかは必ず発覚するという教訓でもある。

かつての武士階級も、幼少期からこうした格言を繰り返し暗唱していたことで自然と天道に反する行為を恥じ、フェア・プレイの精神を身につけて成長した。

現代においても、有名大企業による粉飾決算や偽装といった虚偽の情報公開、従業員による着服、政治家による汚職から教師や警察官による破廉恥行為および隠蔽工作、果ては有名人の不倫や経歴詐称から小悪党による振り込め詐欺や給付金詐欺に至るまで、誰かの不正行為のニュースは後を絶たない。おそらくこの先も世間を騒がし続けることだろう。

中には、世間の明るみにならずにくぐり抜けた事案もまだ多くあるかもしれない。だが、こうした事件も全て、天の完璧な計らいによって、悪事を行えばいずれ明るみになると覚悟しておくことが賢明だ。世間がどんなに不正や欺瞞（ぎまん）で満ちあふれていても、自分や自分の周りだけは清廉潔白を保ち、常に正直でありたいものである。

「正直者が馬鹿を見る」ということわざがあるが、私はこれは単に物事の途中の一時点を描写したものに過ぎないと思っている。途中の時点では、不正直者がうまくいっているように見える場合も事実としてあるが故に、正直者が割を食うケースもあるかもしれない。しかし、不正直者はいずれ自らの犯した不正の報いを受ける日が来るのだ。その結果、「巧詐（こうさ）は拙誠（せっせい）に如かず」（『韓非子』二十巻）で、どんなに巧妙な詐術も、拙（つたな）い誠実さにすら及ばないため、結局最後は正直者が報われるのである。

従業員や同僚、取引先、顧客、地域社会、そして株主等を欺くことなく日々誠実に振る舞い、法的に定められたものは当然のこと、彼らにとって必要な情報は偽りなく正しく開示する。こうした誠実な姿を繰り返していくことに尽きるのではないだろうか。

こうした誠実な姿は、単に大損害の原因となる不正の火種を消すばかりではなく、さらにもう一つの好循環をもたらしてくれる。それは、周囲からの信用・信頼を獲得し、協力者を増やすという効果である。

ビジネスの土台である会計、会計の土台である誠

１９９０年代後半に入ってから、これからのビジネスパーソンが必ず習得すべきは「国際会計」「情報処理」「英語」の三つのスキルだと叫ばれるようになった。それから約四半

世紀が経過しているが、その後のグローバル化・IT化の不可逆的進展に鑑みれば、これは卓見だったのではないだろうか。

私自身も会計を専門的に学んだ者の一人として、これらビジネス必須スキルのうちの会計について語らせていただきたい。会計はビジネスの土台であり、組織の戦略的意思決定も会計を抜きにして行うことは決してできない。しかも、営業部門や製造部門、または研究開発部門がないという組織はあっても、会計を担う経理部門が存在しない組織というのは、ほとんどないのではないだろうか。部門名称こそ財務部や管理部などであっても、必ず経理を担当する人が組織の中にいるはずだ。それだけ、どのようなビジネスであっても、会計と無縁であることはできない。そのために、公認会計士や税理士ほどの会計の専門スキルとまでは言えなくとも、経理担当者はもちろんのこと、現代に生きるビジネスパーソンであれば誰もが最低限、簿記三級から二級程度の知識はマスターしておくことが望ましいと考える。

そんなビジネスの土台となる会計だが、我が国の財務会計制度の根幹をなす大本の会計基準である「企業会計原則」において、いの一番に述べられているのが「真実性の原則」である。「企業会計は、企業の財政状態および経営成績に関して、真実な報告をするものでなければならない」として、企業の実態を嘘偽りなく決算書に反映し、報告することを求めている。つまり、架空の売上を計上して企業の業績を良く見せようとすることはもちろんのこと、実際には業績が良好であるにも関わらず課税を回避するために利益を過少に申告することを含めた、いわゆる「粉飾決算」をしてはならないことが、会計ルールの最初の最初で謳(うた)われているのである。

この「真実性の原則」は、武士道で言うところの「誠」の表れに他ならない。組織に属して働く方々の一挙手一投足は、常にその属する組織の会計に影響を与えている。経理に携わる人々だけに限らず、組織の全ての人々が経理の方々に「真実の情報」を提供し、経理の方々がそれを正しく取りまとめて決算書ができあがるのだから、結局のところは、全てのビジネスパーソンにとって「誠」を意味する誠実性、正直さは、必須のマインドだと言える。

実はここでは、ビジネスパーソン個人個人のレベルから、「誠実性、正直さをもって、情報を嘘偽りなく、ありのままに報告する」と申し上げているだけなので、常日頃からそれを心掛けている方々にとっては至極当然のことをお伝えしているに過ぎない。しかし、私が今まで数々のビジネスに携わってきた経験をもとにすると、少数派ながらも、まだこの「誠」の大切さを理解されていない方々も存在するように感じる。未だに粉飾決算をはじめとした企業不祥事のニュースが後を絶たないのも、その裏付けになるだろう。実に当たり前のことではあるが、改めてその大切さを再認識いただきたい。

9 過度なコスト削減・節税対策に走らず、経費・税金を快く支払う

お金は天下の回り物　武士のごとくお金に対する執着を取り払う

現代の資本主義社会において、収益から費用を差し引いて算出される「利益」が大切なものであることは間違いない。利益が発生してこそ、それを元手に事業投資に回していけるため、利益はビジネスを継続・拡大させていくためのエンジンになる。したがって、ビジネスの基本は、この利益がプラスの状態となる「黒字」を継続させることだと言える。

しかし、他者の犠牲のもとで自らが過度な利益を得るようなことには気を付けなければ

ならない。何と言ってもお金は天下の回り物であるため、自分は黒字を継続しつつも、自分を取り巻く周囲の関係者にも対価としてのお金を快く支払い、良好なWin-Win関係を維持することも非常に大事な経済の営みとなるのである。

もし自分だけが収入を得るだけで支出をしないのであれば、誰かの収入は減ってしまう。さらに自分以外の大勢の人々もこのような行動を取るようになってしまうと、経済が回らなくなり、果ては自分の収入さえも縮小してしまうだろう。このように、個々のレベルでは合理的な対応をしても、経済全体で見ると悪い結果をもたらしてしまう現象を「合成の誤謬（ごびゅう）」という。稼ぐ能力のある人は、合成の誤謬を起こさせないようにするために、その稼いだお金の一部を他の人々のために循環させていける「需要者」になることもノブレス・オブリージュの一環をなすものと考えられる。

もともと、「経済（学）」という概念自体、明治の文明開化で西洋の文化・思想を取り入れた際、当時は該当する日本語がなかった「エコノミー」「エコノミクス」（Economy, Economics）という英語に対して急造した言葉だったという。この「エコノミー」「エコノミクス」という英語も、語源はギリシャ語の「オイコノミア」「オイコノミクス」にさかのぼり、これは家の管理すなわち家政を意味するものであった。これが転じて、近代では「ポリティカル・エコノミー」として国家財政の意味を持つようになった。ご存知の読者も多くいらっしゃると思うが、「世の中を経めて民を救済する、助ける」との意味を持つ「経世済民」にちなんで、「経済」という言葉が充てられたのであった。

西洋でも、経済学の父として名高いアダム・スミスは、経済学の出発点とも呼ぶべき著作『国富論』を1776年に発表する以前の1759年に、『道徳感情論』を出版している。この中でスミスは、個々の人間は利己的ではあるものの、他人への共感・憐みという内なる道徳感情によって、「フェア・プレイ」の社会が形成されると主張した。彼は、経済学者であると同時に、道徳哲学者であったのだ。

20世紀を代表する経済学者J・M・ケインズも、資本主義の改良を通じて世界恐慌により失業が蔓延するイギリス経済から国民を救おうと、マクロ経済理論の基礎を築いた。その集大成が『雇用・利子および貨幣の一般理論』である。

彼らの提唱した理論や政策が、現代のリアルな経済社会においてもなお有効性を保っているかどうかは議論の余地がある。しかし、彼らのように、人々の幸福のために、経済学を通じてどんな世の中を創り出せばよいのかを考えるのが、洋の東西を問わず、経済学者の本来的なミッションだと私は考える。人々の幸福を棚に上げ、GDP（国内総生産）をどう増やせばいいか、経済成長率を何パーセントに持っていけばいいかなどの議論に汲々とするのは、単なる小手先の数字遊びであり、真の経済学ではない。経済学の根底には、経世済民の思想がなければならない。

実際に、経世済民を目指して報徳思想を唱え、報徳仕法と呼ばれる農村復興政策を指導した江戸時代後期の経世家・農政家である二宮尊徳は、「道徳なき経済は犯罪であり、経済なき道徳は寝言である」との格言を遺している。本来ならこのように道徳と経済は一体不可分であり、経済活動を営むプレイヤーとして私たちが則るべき「資本主義の精神」には、道徳心が込められていなければならないのである。

このように考えると、経済とは、利己的というよりも、世のため、人のために行う利他的な活動であるという意味合いが根底にあるのだと言える。一方で、武士道は「非経済的」であり、帳場と算盤は嫌悪され、貨幣の計算は下役人に委ねられるなど、損得計算そのものが軽んじられてきたが、明治の文明開化以前に、経済（学）の考え方自体に公益的色合いの強いことが世間一般にもっと認められていれば、その地位はもっと高いものになっていたことだろう。

武士のごとく、お金に対する過度な執着を持つ「守銭奴」に成り下がることを恥じ、執着を取り払い、過度な貯蓄に走らず、かといって贅沢にも走らず、世のため人のためを想って稼いだお金を適度に回していく。平成バブルが崩壊して「失われた30年」が経過し、経済的に困窮する人々も増える一方だが、経済を営む一人ひとりがこうしたマインドを持てれば、実はすぐに景気は上向く。もちろん、人々の心理が一朝一夕に変わることはないので、これは理想論に過ぎないが、まずはこのシンプルな原理に気づいた人からこのマインドを持ち、私と一緒に実践していただきたいと願う。

納税者としても果たすべきノブレス・オブリージュ

稼ぐ能力のある人々にとって、年中頭が痛くなることの一つが納税や社会保険料の支払いだ。事実として、汗水垂らして稼いだ所得の一部が無条件で徴収されてしまうことに、納得のいかない方々は多くいらっしゃるのではないだろうか。

しかし、これも同様に、税金として公園や学校、図書館、道路といった地域インフラの整備・運用にお金が使われ、地域の人々の暮らしに貢献し、あるいは公的年金としてお年寄りの生活に役立っていると考え、喜んで払えるように心掛けたいものである。

それでも、日本国政府は何十年にもわたって、毎年歳出が税収を上回る状況が続いており、その差額は借金（国債）により賄われている。財務省のホームページ（２０２３年４月現在）によると、その結果として昭和50年（１９７５年）度末にはわずか15兆円に過ぎなかった普通国債残高が、令和４年（２０２２年）度末には１０２６兆円に達すると見込まれている。これは実に国内総生産（ＧＤＰ）比で２５２・３パーセント（令和４年度の推計値）と、アメリカ、イギリス、ドイツ、フランス、イタリア、カナダの主要先進国と比較しても突出して高い水準となっている。国の財政だけでこのような危機的状況なのだが、これに地方公共団体を加えると、さらに状況は悲惨になるだろう。

こうした国・地方の借金は、いずれ誰かが税金として払うことで、返済しなければならない。さもなくば借金が膨らみ続け、最悪の場合は国家財政破綻すら可能性としてあり得る。アメリカに数年遅れて、最近では我が国でも「独自通貨を持つ国であれば、債務返済のための通貨発行に制約を受けないため、いくら借金をしても財政破綻は起きない」とする現代貨幣理論（ＭＭＴ）なる主張が、現職の与党政治家を含む一部の人々の間で本気で信じられているが、私は到底信じる気にはなれない。

仮に最悪の財政破綻を免れたとしても、その残った借金のツケは、私たちの次の世代に背負わせることになるため、健全な状態ではないことは火を見るより明らかだ。

国あるいは地方を問わず、政府として未来永劫借金を膨らませ続けることは不可能であるため、早期に歳出を税収の範囲内に抑える財政方針に舵を切る以外にない。ここまで危機的な状況に追いやった政治家や役人の責任を追及することも必要ではあるが、結局のところそうした政治家たちを選んだ私たち国民がその責を免れることはなく、次の世代の税負担を軽減させるよう、税金を払いつつ、政府の歳出に依存しない社会を創出していく時期に来ている。

ただ残念なことに、まだ世間的にこうしたマインドを持っている方は圧倒的に少数派に属しているように映る。減税の一方で、公共サービスの充実を政策に掲げる政治家に投票する有権者が多いことがその証左だ。加えて、納税者としての観点から見ても、多く稼いでいる人ほど節税対策に走りがちで、極端な例だと、税率の低い国、いわゆるタックス・ヘイブンに移住してしまう人もいる。法的観点からは何ら批判される点はないかもしれないが、美意識の観点からは、どうしても「自分さえよければそれでいい」という思考が垣間見えるので、美しい生き様には思えない。この国に生を受け、この国で育った限りは、願わくはこの国の現在、そして未来のために、この国に納税することにより、この国の財政健全化に貢献いただきたいと願う。

納税王・斎藤一人のお金の哲学

銀座まるかんの創業者で、平成17年（2005年）に全国高額納税者番付が廃止されるまで、12年連続してただ一人トップテン入りを果たされたのが斎藤一人氏である。残念ながら私はまだ直接お目にかかれたことはないが、斎藤氏はご自身を、生粋の商人であるとおっしゃっており、武士道に対して斎藤氏流の「商人道」を確立されている方であるとお見受けしている。

斎藤氏のファンの一人として、数多くの氏の著作を拝読し、講演録を拝聴してきたが、私が特に印象に残ったエピソードがある。斎藤氏流商人道の中に、武士道流ノブレス・オブリージュとの共通点を見つけたので、ここで紹介させていただく。

普通の人の感覚だと、自分や自分の経営する会社に税務調査が入るとなると、申告漏れを指摘されて追徴課税される可能性が出てくるため、嫌がるものだ。この点、斎藤氏は、全く逆の発想をされる。というのも、税務調査はお金を持っていそうなところにしか来ないわけだから、税務調査が入るということは、社会的にお金を持っていると認められていることになる。だから、税務調査官を「福の神」とまで呼んで、歓迎するという。氏も、もともと多く儲けた分だけ、多く社会に還元しようと考えているので、脱税はもちろん、節税すらも考えず税務申告し、納税されることを心掛けているのだろう。そのため、税務調査が入っても何ら後ろめたいことがないため、堂々としていることができるのだ。だから、税務調査を煙たがる必要がないのである。

斎藤氏が経済的に豊かであることは明らかだが、それ以前に心が豊かな方だとお察しする。世の中の人々のためを思って仕事に専念すれば、お金は後からついてくるとおっしゃっている。そんな信念を自ら実践した結果、斎藤氏は日本有数のお金持ちになられたのだと思われる。

10 ＣＳＲ活動、ボランティア活動を積極的に行う

利益最大化を度外視した「義」の実践

先述した「義」であるミッションを実行に移す際に、経営者として利益を後回しにした経営判断を下さなければならない場面が発生することだろう。その人がミッションに忠実であればあるほど、そのようなケースは多くなる。

その際にも、当然に慎重さを伴わなければならないが、ミッションに適合し、その後の主要な事業活動の継続に著しい支障をきたす恐れのない限り、そうした判断は支持されるべきものと考える。企業においては、ＣＳＲ（Corporate Social Responsibility／企業の社会的責任）活動も、その一例に数えられる。「会社は社会の公器である」との考えに立てば、全ての会社にとって公共の利益の増進に寄与することが当然の責務になるから、本来的にはどの会社も率先してＣＳＲ活動に取り組むべきとも言える。

ただ現実問題として、どの会社もできるわけではないから、まず余力のある会社からできる範囲で実践されることが望まれる。

CSRという言葉自体、ここ十数年で急速に浸透してきているので、これに取り組まれている会社は全国的に増えている。中でも、石坂典子氏がトップを務める石坂産業の取組みに私は感銘を受けたので、以下ご紹介させていただく。

石坂産業のCSV

1967年、東京都練馬区で石坂好男氏が創業した石坂産業株式会社は、現在は埼玉県入間郡三芳町に本社を置く、産業廃棄物のリサイクルを主力事業とする会社である。

転機が訪れたのは1999年、当時は売上高の約七割は、産廃の焼却事業が占めていた。地元・埼玉県所沢市周辺の農作物がダイオキシンで汚染されているとのテレビ報道を機に、地域の産廃業者へのバッシングに発展した。後に、誤報であることが判明するものの、2001年、住民が県を相手取り、同社の産業廃棄物処理業許可の取消を求める行政訴訟を起こし、会社存続の危機に陥る。

その中で、好男氏の娘・典子氏が「私が会社を変える！」と父親に直談判し、翌年より社長に就任する。典子氏は社長就任早々、地域に必要とされ、愛される会社になるために、主力の焼却事業から完全撤退し、建設系産業廃棄物のリサイクル事業に特化する意思決定を下す。そして、多額の資金を投じ、前例がないと拒まれた行政の許可を何とか取得して、塵埃（じんあい）や騒音を外に漏らさないために全ての工程を屋内に収めた「全天候型独立総合プラント」を完成させるなど、新社長の、地域との共生にかける想いは並大抵ではなかった。以後、倦（う）まず弛（たゆ）まず磨かれていったリサイクル技術により、今や業界トップクラスの、98パーセントという驚異的な減量化・再資源化率を実現している。

こうした主力事業のかたわらで、同社は里山の保全にも取り組んでいる。地域に愛されるための活動の一環で、社員一丸となって近隣道路の清掃ボランティアに取り組んでいたものの、翌日にはまた新しいごみが捨てられているという現実を目の当たりにする。そして、その原因が、雑木林が鬱蒼（うっそう）としているためであると気づいた。もともとは美しい里山だったが、後継者不足で荒廃し、不法投棄の温床となっていたのだ。会社周辺を美しく保つには、道路のごみ拾いだけでなく、里山の再生にまで踏み込まなければならない。近隣の地主の方々から少しずつ里山を借り受け、ボランティアで手入れを続けた結果再生されたのが、同社に隣接した「三富今昔村」である。今ではその敷地面積は東京ドーム４・５個分にまで至っている。

緑豊かな敷地内には子供たちが遊べるアスレチックや水辺が整備され、電動のミニＳＬが走る線路も敷かれている。四つの神社もあり、来訪者をしあわせ（四合わせ）にいざなうようにと、それぞれに神様が祀られている。１年を通じて草花が四季を彩り、水辺ではメダカが泳ぎ、生物多様性ＪＨＥＰの最高ランクＡＡＡの認証を受けて１３００種類の多様な生き物が生息する。日本人の原風景である里山の美しさに私は息を飲むばかりで、失礼ながらも産廃を取り扱う会社が行っている事業であるとは信じられないほどであった。

もっとも、石坂産業の社員の方々は、今となってはこれらの活動をＣＳＲと考えてはいない。会社の名声を良くしようとか、付け焼刃で活動しているのではなく本気だからだ。彼らは、その代わりにＣＳＶ（Creating Shared Value／共通価値の創造）と考えている。ＣＳＶとは、経済的価値と社会的価値を両立させる取り組みのことであり、自分達の活動そのものが経済的価値を生み出すだけでなく、社会的価値の創造につながっていることを、社長以下社員全員が腹の底から実感しているのである。

里山の保全には、毎年４千万円もの費用がかけられているという。地域との共生という崇高な「義」のために、利益の最大化を追求せず、愚直に至誠を貫く石坂社長と、彼女についていく社員の方々の姿勢に、私は現代の武士道精神を見るのであった。

陰徳を積む

CSRは企業などの組織体がその実施主体となるが、個人単位でできるのがボランティア活動である。厚生労働省によると、一般的には「自発的な意志に基づき他人や社会に貢献する行為」を指してボランティア活動と呼ぶという。そうであるとすれば、家族も他人であり、社会の最小単位だから、家事・育児などは、それが自発的な意志に基づく限り、最も身近なボランティア活動と呼べるだろう。

ボランティアは見返りを求めない無償の奉仕であり、公益性がある点で、武士道精神の実践に繋がるため、大いに推奨したい。CSRも同様だが、報酬どころか名声すらも求めない「陰徳」を積まれることを特にお勧めする。安岡正篤先生が言われたように、名声を求めるのは人為的であり、これは「人」が「為」すという字の通り「偽」であるため、真実ではない。この点陰徳は、真実につながる大切な行為なのである。陰徳を行うと、何とも言えない心の満足感を得られるのだ。

さらに、四書五経の「五経」に数えられる『易経』にも、「積善の家には必ず余慶あり」（周易上経　坤）とある。善行を積み重ねた家では、その福慶の余沢が必ず子孫に及ぶ、という意味である。貧窮を救い、飢えや寒さを憐み、老人を助け、病人をいたわり、生き物を殺さず、一切において仁慈を心の根に張れば、自然に天道の法則にかなって、一家が長く栄えるという。これを迷信と捉えるかは人それぞれだが、仏教に言う因果の法則は宇宙に遍く存在するという前提に立てば、善因善果と同義であり、私は信じる側に立つ。

なお、『易経』のこの言葉の後には、「積不善の家には必ず余殃あり」と続く。お察しの通り、不善を積み重ねた家では、その災禍が必ず子孫に及ぶという、いわゆる悪因悪果の意味である。信じるか否かにかかわらず、不善をなすことだけは大いに注意したい。

ＰＬ学園野球部の陰徳積みの実践

かつての高校野球の名門で、甲子園で春夏計七度の優勝を誇ったＰＬ学園。現在は度重なる不祥事により２０１７年より休部状態となっているが、これまでに桑田真澄氏・清原和博氏のＫＫコンビをはじめ、数多くの一流プロ野球選手を輩出してきた。普段の練習は当然のこと、部内の上下関係や寮生活のしきたりまでもが壮絶を極めることで知られ、ＯＢは誰もが口を揃えて「一年生の頃には絶対に戻りたくない」と自嘲気味に語るほどである。

その輝かしい栄光の裏で、過度に閉鎖的・封建的な空間の中、いじめや暴力が常習化していた点など闇も存在するのは、大いに批判のあるところである。しかし、実際に自分がそこに属した経験もなければ、属したことのある人に直接取材をした訳でもない点はご容赦いただきたいが、そこで部員が学んだという教訓には目を惹くものがある。

それは、常に感謝の気持ちを持つことと並んで、「徳を積むこと」である。具体的には、トイレ掃除をしたり、その辺に落ちているごみを拾うなど、人の嫌がることを率先して行う。

プロの投手として通算１７３勝を挙げた現・読売ジャイアンツコーチの桑田氏は、部員時代にこの教えを実践し、仲間が寝静まった時を見計らって、毎晩トイレ掃除に励んでいたという。

その桑田氏の二年後輩に、プロ通算２４８０安打（うち二塁打４８７は日本プロ野球記録）を放った現・中日ドラゴンズ一軍監督の立浪和義氏がいる。持ち前のセンスと努力により、高校二年時にはすでにチーム不動のレギュラーになっており、秋の新チームになってからは、その人柄からもチームメイトの総意で主将に任命された。

そのチームメイトの一人に、現・中日ドラゴンズ二軍監督の片岡篤史氏もいた。一足先に不動のレギュラーに定着していた立浪氏とは違い、当時は一応レギュラーではあったものの、安定感に欠けるところがあるため不動と呼べるほどには至らず、本人も悩んでいたという。片岡氏とは自然と波長が合い、彼にもレギュラーに定着して欲しいと願っていた立浪氏は、徳を積む教えに従い、秋が深まり、寒さが厳しくなった時期、片岡氏に思い切って次のように提案する。

「悩むくらいなら、毎朝一緒に落ち葉掃きをしないか！」

以後、二人は毎朝五時半に起きて一時間、来る日も来る日も眠い目をこすって落ち葉を掃き、ついには落ち葉が落ちなくなるまで続けた。立浪氏は、その著書『負けん気』の中で当時の心境を次のように綴っている。

「無心というのか、何かこう心の中がすーっと浄化されていくような、結果のためにがんばっているのではなく、大きな志の中で奉仕をさせていただいているという気持ちになり、それがどこか心地良く感じられた。（中略）自分のことだけ考えるのでなく、寒い中、片岡と落ち葉を一生懸命に掃いていたら、初心に戻れた。気持ちが真っ白になるというか、無私無欲の気持ちが生まれてきた」

その結果、立浪氏だけでなく片岡氏も不動のレギュラーに定着して活躍し、彼らの三年時（１９８７年）には甲子園春夏連覇の偉業を達成している。

桑田氏を含め、ここで紹介したお三方は全員、その活躍は高校時代だけにとどまらず、プロ野球選手として長年にわたって一線で結果を出し続け、現役を退いた現在もなお、指導者として日本球界の最前線に立たれている。

このように陰徳を積むと、利己心、邪念、雑念などが取り払われて無我の境地に至ることができ、それが結果的に、まずは自分に良い結果をもたらしてくれるようだ。私も引き続き実践していきたい。

11 失敗や挫折を積み重ね、未来に活かす

体面を気にしすぎて、挑戦せずにいないか

武士道では、己の名誉を汚すことを恥としたことは、すでに見てきた通りである。ベネディクトが見事に分析したように、「恥の意識」に特に敏感なのが日本民族の特徴の一つに数えられる。

変化が激しく、先行きが不透明なVUCAの時代にあっては、比較的変化の少ない、安定的な時代よりもはるかに積極的に挑戦を仕掛けていくことが求められる。だが、その挑戦が常に成功するとは限らない。つまりは、挑戦した分だけ、失敗や挫折も多く経験しなければならない。

この環境は、「恥の意識」に特に敏感な日本人にとっては、一般的には不利であると言っていい。正直なところ私自身もそうなのだが、どうしても失敗イコール恥と認識してしま

い、新たに挑戦することに臆病になりがちである。伝統ある大企業や役所では特に、一度大きな失敗をしてしまうと昇進の道が閉ざされてしまうケースも未だに多いと聞く。このような環境の下では、失敗をしないためには何も挑戦しないことが正解になってしまう。だが、今は失敗や挫折を恐れて、何も挑戦しないことこそが最大のリスクだ。日本人が失敗を恐れるあまり誰も挑戦する者がいなくなると、世界全体の変化についていけずに日本の国際競争力は低下する一方である。国際競争力の維持が我が国の至上命題と考えるのは早計だが、時代の変化に合わせて、失敗を必要以上に回避しようとする思考回路からは、直ちに脱却する時期に来ているのではないか。

『失敗学のすすめ』の畑村洋太郎氏、『挫折力―一流になれる50の思考・行動術』の冨山和彦氏、『世界のエリートの「失敗力」』の佐藤智恵氏らは、すでに10年以上も前から異口同音に、失敗することの大切さを説かれている。失敗そのものよりも、いかに失敗に向き合い、自らの糧にして今後の成長に繋げられるかが真の問題なのだ。

そうは言っても、現実に失敗をしてしまうと、恥に対する感受性が人一倍強い日本人は、特に精神に深い影響を受けてしまう。私もこれまで何度も失敗を経験し、「穴があったら入りたい」思いをいく度となく味わってきた。しかし、それと同時に「二度とこのような恥ずかしい思いはしたくない」という気持ちも芽生え、どうすれば同じ失敗をしないかを真剣に考え続け、軌道修正をしてきた。

挫折・失敗に臆病ではありながらも、期せずしていざそうなってしまえば、そこから立ち直る能力が実は高いのも、日本人の「天縦（てんしょう）の神聖」ではないだろうか。この神聖を存分に発揮させるためにも、まずは挫折・失敗を「恥」とともに「名誉」とも捉える思考に切り換え、会社などの組織であれば、失敗を減点材料にせず、むしろ加点材料にし、組織ノウハウに転じる仕組みづくりが求められる。

ペリーの黒船来航により彼我の圧倒的な科学技術力の違いを目の当たりにしてからの明治の文明開化。太平洋戦争で敗戦を味わってからの戦後復興と高度経済成長。ここ2世紀の間で、我が国は大きな挫折を経験しながらも、二度も不死鳥のごとく復活を遂げてきた。今もバブル経済が崩壊し、「失われた30年」という暗中模索の真っ只中にある日本。この現状をもって「第三の敗戦」と捉える向きも多い。三度目の復活は、私たちの「挫折力・失敗力」にかかっていると言っても過言ではない。

挫折・失敗なくして成長なし

前出の黒川伊保子氏によれば、脳の進化のためにはやはり失敗体験が不可欠なのだという。失敗すれば、失敗に使われた脳の関連回路に電気信号が流れにくくなり、失敗する前よりも、失敗しにくい脳に進化するのだそうだ。逆に成功すれば、成功に使われた脳の関連回路に電気信号が流れやすくなり、両方の体験が相俟（あいま）って瞬時に「勝ちパターン」を見抜ける成功脳が作られる。であれば、失敗を恐れずに挑戦を繰り返すことが、成功脳を作る一番の近道だということになる。

さらに、失敗の適齢期は30代であるようだ。30歳になる頃までに世の中の全貌が見通せるようになり、そこからは自分独自の世界観を創り上げる時期に入るのだという。「守破離」の「守」から「破」への過渡期といったところだろうか。脳内の回路に勝ちパターンが確立していないから、考えても考えても、脳が出した判断結果が失敗である可能性が高い、というのが、むしろ30代の健全な脳のありようということだ。

本書のテーマとなった『武士道』を新渡戸博士が発表したのは38歳になる年である。本書で述べた通り、それまでの30代の歩みは、長男を失い、妻が病に伏し、自身も脳神経衰弱症にかかり、教鞭を取っていた札幌農学校の退官を余儀なくされた。この時期、実に苦しい思いを味わわれたに違いない。しかし、『武士道』の発表後は、台湾総督府民政部殖産局長心得、第一高等学校長（東京帝国大学農科大学教授兼任）、東京植民貿易語学校校長、拓殖大学学監、東京女子大学初代学長、国際連盟事務次長、貴族院勅選議員など、数々の要職を歴任された。ご自身の天分を存分に発揮された人生だったと言えよう。

僭越ながら私の30代も、まさに失敗と挫折の連続であった。会計士としてそれなりの経験が積めた20代を過ごした後、さらなる成長を求めて監査法人からコンサルティング会社に転職したが、結果が伴わない時期が続いた。一年間の海外勤務のチャンスをつかんだと思ったら、チームの上長との馬が合わず、二カ月足らずで日本に送り返され、いい歳をして悔し涙を流したこともあった。ようやく結果が出始めても、プロフェッショナル観の相違から上司や同僚と揉めて昇進が遅れ、悶々とした日々を過ごした。40歳を目前にして独立開業したが、その最初の仕事は取引紹介業者に半ば騙された形で、三カ月間休日返上で朝から晩まで馬車馬のように働いた。プライベートでは31歳の時に結婚し、二人の子宝に恵まれたものの、妻との良好な関係を維持できずに離婚に至った。

40代に入った今、「勝ちパターン」はぼんやりと見通せるようになってはいるが、まだ瞬時に見抜ける境地には至っていない。クライアントとともに悪戦苦闘を続ける毎日だ。「あの30代があったからこそ今がある」などとは、今の自分の口からは言えない。だが、あの時の挫折や失敗の体験が、自分を成長させてくれているという実感だけは残っている。

だからこそ、「30代で苦しい思いをした脳だけが一流の脳になれる」「脳科学の立場から言えば、挫折する者ほど、才能がある」という黒川氏の言葉は、私にとっても大いなる希望である。

武士道とは何か、という問いに対して、安岡正篤先生は「端的にいえば実に恥を知ることだ」と答えている。古来優れた文化を築いた階級の根本精神には皆、恥を知るという精神が動いている。若い時に挫折や失敗を多く経験して実際に恥をかく。その根底に廉恥心があるから、同じ失敗を繰り返さないように学習しながら、人は向上していくのだろう。

12 公に対して忠誠を尽くす

天分を生かし切るためのセルフ・マネジメントの必要性

ここでは、『武士道』で学んだ忠義の精神を、現代の人生やビジネスにどう役立てて行けるかを考える。

かつての武士たちは主君に忠誠を誓った。戦後の高度成長期を支えたサラリーマンたちは、会社や役所など、所属する組織に対する忠誠心を持って、一所懸命に働いた。このような忠義の精神がそれぞれの時代に有効に機能していたのは、当時の社会通念があったと同時に、封建制度や年功序列賃金・長期雇用慣行といった社会基盤があったからだ。

今や、忠誠心、忠義、愛社精神という言葉は聞かれなくなりつつあることからも、所属する組織に忠誠心を持つべきという社会通念は過去のものになったと言っても過言ではない。そのうえ、愛社精神を支えるべき社会基盤も、時代の流れによって崩れつつある。

一見、今の時代は己の忠義を尽くす先もないため、この精神自体が過去の遺物と化してしまっているのだろうか。結論から言えば、そうではない。

主君や会社という、目に見える対象ではないため抽象度は高くなるが、現代における武士道実践の観点からは、社会を構成する一員として、「社会公益」に対する忠誠心の保持を提唱したい。

混迷極まる現代社会の中で、私たちは手探りでキャリアを積み重ねなければならない。しかもその積み重ねたキャリアは、他の人が築き上げたものとは異なる、その人独自のものとなる。人とは違った自分だけの個性や強みをもって、自分だけのキャリアを歩む。松下幸之助氏は、「成功とは、この自分に与えられた天分を、そのまま完全に生かし切ること」と定義された。けだし名言である。

私は、まさに松下氏の成功の定義が、社会公益に対する忠義の実践になると信じている。いかに自分に与えられた天分を磨き、社会に役立てるか。これこそが、究極のセルフ・マネジメントではないだろうか。

現在はキャリア形成の仕方が多様化し、学校を卒業して初めて就職した組織にそのまま勤め続け、引退を迎える、というケースはむしろまれになっている。一人ひとりのキャリアを振り返っても、どこかで転職、独立、起業などの転機を迎えていることが一般化している。私も自らのキャリア形成に悩みながら、現在までのところ二度の転職と一度の独立を経験している。

こうした転機を迎えた時、「自分の天分を社会で生かし切るためにはどうすべきか」を意思決定の指針とすると良い。目先の勤務条件の良し悪しにとらわれず、今の組織にとどまっている方が自分の天分を生かせると判断したのなら、組織にとどまり続ければ良く、転職や独立をした方が自分の天分を生かせると判断したのなら、思い切ってそうするべきである。

そして、組織に所属している場合でも、組織の利益よりも社会のためを想って、組織に問題があれば指摘し、社会によりよいことがあれば率先して提案する。実はこれは独立・起業しても根本的な考え方は同じで、顧客に迎合するのではなく、顧客の天分を生かすために必要なことは、多少耳が痛いことでも積極的に提言したい。かつての武士たちが、ただイエスマンのように、主君に対して盲目的な忠誠を示したのではなく、自分が正しいと思ったことははっきりと進言したように。その積み重ねが、社会をより良くしていることにつながり、自らの天分を発揮することになるのだ。

現代版「切腹の作法」とは

組織に所属しながらにして、会社ひいては社会公益のためを想っていくら良い提案をしたところで、それが常に採用されるわけではないことは確かだ。組織である以上、複数の個人で構成されていて、その構成員の全員が社会公益を考えた君子的思考をする人たちだとは限らない。不幸にも、決裁権限者にとっては自身の保身が一番で、せっかくの提案内容でも彼の個人的利益と相反するのであれば、提案はしりぞけられるのが関の山だろう。いったい、そのような場面の当事者になってしまった場合はどうすればいいのだろうか。

山口周氏は、著書『劣化するオッサン社会の処方箋』の中で、私たちにそのヒントを与えてくれる。「古い価値観に凝り固まり、新しい価値観を拒否する」「過去の成功体験に執着し、既得権益を手放さない」「階層序列の意識が強く、目上の者に媚び、目下の者を軽く見る」「よそ者や異質なものに不寛容で、排他的」。現代社会は、そんな特質を持つものの、教養も特別な実学スキルも持たない「オッサン」たちが上層部で実権を握っていると山口氏は捉える。

武士道の観点からすれば、このような「オッサン」とは、先述した「小人」と同義と言っていいだろう。武士の目指すべきは君子の道であり、小人の部類に堕することは幼少期から戒められてきたのである。

そんなオッサンたちに対抗するカギは、40代以下の世代の運動にあり、その運動のやり方は大きく二つある、と山口氏は述べる。一つが、おかしいと思うことはおかしいと意見をする「オピニオン」である。

そしてもう一つが、権力者の影響下から脱出する「エグジット」である。「オピニオン」が武士道流に言えば諫言（かんげん）にあたるのに対して、「エグジット」は脱藩、あるいは組織における切腹にあたると言えよう。本来であればオッサンこそが、桜が散るように潔く去るべきところであろうが、武士道を理解し得ない彼らが自ら身を引く選択を取ることは、残念ながら期待できそうにない。

野村克也氏が「組織はリーダーの器以上には伸びない」と言われたように、小人権力者の下で諫言・進言が聞き入れられない場合は、権力者の器がネックとなって、自分の天分を生かし切れない可能性が高い。そのような場合は、思い切って「エグジット」のカードを切り、そのまま組織にとどまることなく、別の道に進まれることを提言したい。その決断を、勇気をもって実行できる人こそが、現代を生きるサムライであると思う。

13 歴史と古典哲学に親しむ

指導者に求められる「アート」と「サイエンス」の二刀流

10年、20年という比較的長期のタイムスパンで考えれば、現在組織の要職に居座るオッサンたちの大部分は定年を迎え、現役を退くことだろう。その時こそ、本格的に次の世代が時代をリードすることになる。次の世代を、山口氏は「実学世代」と呼び、「平たく言えば、経営学や会計などの『手っ取り早く年収を上げるための学問』を重視する世代」であり、「経営学の知識と英語とプレゼンテーションスキルが最も重要なリテラシーとなる」と考えていると描写する。

私は明らかにこの世代の一員である。バブル崩壊により右肩上がりの経済成長に明らかな陰りが見えた中で、学生時代にはデカルトやカントなどの西洋哲学に没頭したという父からは、カネにならない教養を身につけるよりも、実学を身につけることを勧められた。私は、大学では経済学を学び、ダブルスクールをしながら、卒業後に公認会計士試験に合格した。ＭＢＡは持っていないものの、公認会計士の試験科目に経営学があったため、基礎的な経営理論と企業財務論は学んでいる。

私の学生時代、周囲には司法試験や会計士試験、税理士試験など、私と同じようにダブルスクールをする者や、就職活動を有利に展開するためにＴＯＥＩＣなどを通じて英語力を身につけようとする者が多くいた。いざ大学三・四年の就職活動期になると、高年収の外資金融や外資コンサル、総合商社に人気が集中した。全員がそうとは言わないが、総じて試験合格や大手企業からの内定を手っ取り早くつかみ取ることに躍起になっていた観は否めない。

このような実学世代が世の中をリードしていくにあたり、私が今もっとも懸念しているのは、彼らの大部分に、歴史観や倫理観、哲学といった分野への関心が致命的に欠落していることである。カネを稼げる「サイエンス」のスキルはあっても、直接カネには結びつきづらい「アート」のスキルを持ち合わせていない。だから、日本の国は、日本人は、我が業界は、我が社はどうあるべきなのか。なぜ働かなければならないのか。お金とは何なのか。そういった問いかけに答えを持っている人物は極めてまれである。事実、私はこのような話題で同世代の仲間と議論が白熱したという記憶が乏しい。

ところで、明治の時代に実学の重要性を説いたのは福澤諭吉である。彼は『文明論之概略』の中で、「文明とは人の身を安楽にして心を高尚にするを云ふなり、衣食を饒(ゆたか)にして人品を貴くするを云ふなり」（第三章　文明の本旨を論ず）と、物心両面の充実が文明であると述べている。文明開化直後の当時にあっては、人々は「アート」は持ち合わせていても、人の身を安楽にし、衣食を豊かにするための「サイエンス」の分野が西洋文明に比して圧倒的に劣っていたという時代背景であったからこそ、西洋文明に学び、実学を志すべきであると主張した。ここからもわかるように、福澤諭吉は、実学があれば十分であるとは一切主張していないし、根本は愛国者であり、手放しに西洋文明を礼賛しているわけでもないのである。

松下幸之助氏も、経営はアートだと言った。事業活動のいたるところに経営者の精神が躍動しており、「その意味において、経営者の仕事は、画家などの芸術家の創造活動と軌を一にしており、したがって経営はまさしく芸術の名にふさわしいもの」であり、しかも研究開発部門、製造部門、販売部門、管理部門といった複数の機能を総合・調整することから「さまざまな分野を網羅した総合芸術」と表現された。

経営組織を構成するメンバーの求心力となるものが、歴史観、倫理観、哲学に裏付けられた経営者の精神であり、メンバーの天分を生かし切るための経営判断にもアートのセンスが求められる。アートもサイエンスも持ち得ないオッサンは論外としても、果たして実学世代に、このような指導者としての役割が果たせるだろうか。正直なところ、今のままでは心もとない。次なる時代の創造に向けて、まずは私たち実学世代が我が国の先人に学び、今こそ自己の精神・哲学を確立すべきではないだろうか。

古典哲学の効用

武士が兵法などのサイエンス分野と並んで、書道、倫理、文学、歴史学といったアート分野も学んでいたことはすでに触れた。私たちも、改めて武士の鍛錬方法を見習い、サイエンスとアートの両方を磨いていきたい。

中でも吉田松陰は、「士規七則」に「人は古今に通ぜず、聖賢を師とせざれば則ち鄙夫(ひふ)

なるのみ。書を読み友を尚ぶは君子の事なり」という一か条を掲げた。歴史に明るくなく、孔孟をはじめ昔の偉人に学ぶことがなければ、取るに足らないつまらない人物のままである。彼ら偉人の遺した書物をよく読み、よく理解して彼らを友とすることは君子の務めであるとして、いわゆる古典の重要性を説いた。

昭和の先哲・安岡正篤先生も、歴史的古典的教養の大切さを説かれた。欧米の知識階級の家庭では、古典的教養を基礎にして、その上に新しいサイエンスや思想理論を学ばせる。ところが日本は明治以来、西洋の近代文明に驚いて、むやみやたらに西洋化を急ぎ、民族的・歴史的な古典的教養を放擲してしまった。その結果が、特に戦後以降の混乱を惹起していると、すでに半世紀近くも前の時代に嘆かれている。

古典は私たちに対して、生きていく上での知恵や、善悪正邪を判断するヒントを与えてくれる。先人の叡智によってふるいにかけられながらも、洋の東西を問わず今なお読み継がれている書物からは、それが書かれた時代背景こそ今と異なっても、現代を生きる私たちが学べることが豊富にある。仮にそれが小説や随筆のように、哲学書そのものの形を取らないにしても、文中の端々に作者の優れた思想が必ず垣間見えるはずだ。その事実こそが、その著作を古典たらしめているのだ。古典哲学であればなおさら、その思想に直接触れることができる。優れた古典であればあるほど、繰り返し読むたびに味わいが深くなる。私にとっては『武士道』をはじめ、『論語』『孟子』『孫子』がまさにそれである。

「愚者は経験に学び、賢者は歴史に学ぶ」というドイツ帝国の初代宰相であるオットー・フォン・ビスマルクの名言があるが、古典に親しむことは、その名の通り歴史に残った書物に親しむことであり、その意味で「歴史に学ぶ」ことの一形態と言える。自分のちっぽけな経験だけに頼ることなく、自ら率先して徳を磨き、さらに古に学び、歴史に通じる。こうした日々の積み重ねが、自分を成長させ、ひいては人望を生み起こす元になるのだ。

ちなみに、数学などは論理的思考が求められる最たる学問のようであるが、その数学の権威であるお茶の水女子大学名誉教授・藤原正彦氏は、国語や日本の歴史を学ぶことと並び、古典を学ぶことの大切さを説いている。また数学と同様に、論理的思考が必須スキルであるコンサルティング業界にあっても、前出の山口氏のほかにも株式会社ドリームインキュベータ創業者の堀紘一氏、株式会社XEEDトップの波頭亮氏、株式会社経営共創基盤トップの冨山和彦氏ら、実に業界を代表するトップコンサルタントが皆共通して古典に造詣が深い点が非常に興味深い。さらに、我が国の実業界を見渡しても、私の知る限りライフネット生命創業者の出口治明氏、SBIグループトップの北尾吉孝氏らが古典の効用を説かれているほか、ソフトバンクグループの孫正義氏、ユニクロの柳井正氏がともに孫子の愛読家であるなど、古典を座右の書とされている名経営者は多い。まるで虎の威を借る狐のようでいくぶん肩身が狭いものの、私の主張も的を射たものだと自負している。

14 才能を磨き続ける

死して後已(や)む

本章の最後に、武士が兵法を学び、刀を磨き、剣術等の鍛錬に励んだように、特に現代に生きるビジネスパーソンや、将来ビジネスの世界に身を置くであろう学生にとって、サイエンス分野での自己の強みを身につけ、磨き上げる際に、武士道精神をどのように活かせるかを考えていきたい。

『論語』に「曾子(そうし)曰く、士は以て弘毅ならざるべからず。任重くして道遠し。仁以て己が任と爲す、亦た重からずや、死して後已む、亦た遠からずや」（泰伯第八）とある。孔子の主要な弟子の一人である曾子が、「士たる者はおおらかで強くなければならない。その任務は重く、道は遠い。仁をもって自身の任務とする、何と重いではないか。死ぬまでやめない、何と遠いではないか」と言われた、という意味である。

「士規七則」で吉田松陰は、「死して後已む（死ぬまでやめない）」という言葉は、簡素ながらもその意味するところは深い、と述べる。意志が固く、忍耐強く、心を変えないでいることは、この姿勢なくてはできないことだからだ。

私たちも、希望の学校や会社に入れたからだとか、学校を卒業したからだとか、資格試験に合格したからだとか、仕事をリタイアしたからだとかの理由で努力をやめるべきではなく、死ぬまで努力・鍛錬を続ける気構えが欲しい。ビジネススキルなどは特に努力を怠れば、まるで刀が錆びつくように、一瞬にして陳腐化してしまうものである。困難を乗り越えて一つの目標を達成しても、さらに難易度の高い次なる目標を新たに設定し、常に自分を高めていくことが、士君子たる者に与えられた使命なのである。

どの分野で才能を磨くか

それでは、どの分野で才能を磨くべきなのか。結論から言ってしまえば、先に述べた通り、人それぞれである。松下幸之助氏も言われたように、人にはそれぞれ持って生まれた天分があるので、自己観照を通じて、その天分を生かせる分野ということになる。その見つけ方については、

- 自分が好きで、誰に強制されるでもなくずっと続けられること
- 自分が得意であること
- 公益性が高く、社会的なニーズがあること

という三つの観点から、いずれにも当てはまる仕事を選び出すことをお勧めする。

最初に「自分が好きで、誰に強制されるでもなくずっと続けられること」を挙げたのは、やはりことわざにも「好きこそものの上手なれ」と言うように、自分が好きであることに天分の萌芽がある可能性が高いからである。武家の教育でこそ忌避された科目ながら、私は小中学生時代、算数や数学が好きであった。計算や数字をいじくるということを、昔か

ら楽しく感じていたのだと思う。正解にたどり着けると嬉しかったので、学校や塾で率先して問題に取り組んだ。それが大学では、同じく数字を扱う経済学の道に進み、社会人としてはお金の計算を扱う会計士としてキャリアを積んだ。

また私は、難しいことに挑戦しようとする天分や、頭脳を駆使して人をリードするということに喜びを感じる天分を与えられているようだ。だからこそ、「難しいことに挑戦しようとする天分」で難関と言われる会計士の資格は取ったものの、「頭脳を駆使して人をリードする天分」としては会計監査では物足りなさを感じ、クライアントに数字を示してリードし、難題を解決に導けるコンサルタントの道を選んだ。

私は幸運にも、好きが得意に結びついたため、第二の「自分が得意であること」も自然と満たすことができた。逆に、子供の頃は野球や、冗談を言って人を笑わせることなども好きであったが、周りに自分よりも上手な仲間が何人もいたため、これらを職業にしようとは思わなかった。道を極めるには、「下手の横好き」では良くない。自分の得意・不得意の判断に、周囲の仲間との比較は有用である。自分の短所を嘆いたり、相手の短所をとがめるのではなく、自分の長所を見つけて伸ばすために、自分の相対的なポジションを確認する。同時に、自分が持っていない相手の長所に敬意を表する。学校の仲間を通じて、こんな学びが得られたことは、私のキャリア形成に大いに役立ったと思う。

彼を知り己を知れば百戦殆うからず

周囲の仲間との比較は、何も学校だけで終わりではない。私の場合、会計士試験に合格して入所した監査法人は、上司・同僚がほぼ全員会計士（見習いを含む）という環境に置かれる。全員が試験を通過し、会計の基礎はもちろん、応用までを身につけた人々との比較の中で、さらに自分の得意・不得意を見出していった。「鳥の目と虫の目」だとか「森を見て木を見る」というたとえで言うと、私は虫の目や木を見るという、個別詳細な検証が不得意である反面、鳥の目や森を見るという、大局的・全体的な検証は得意としていた。

また、上司・同僚には、会計基準に照らして考える職人気質の人が多かったという印象があるが、私は会計基準のみならずクライアントとのコミュニケーションも重視して、その背景に理があれば、全体で見れば重要な影響のない原理原則からの逸脱なら目をつむるようなタイプであることを認識した。

コンサルタントの道に進めば、周囲との比較により、自分が理屈一辺倒ではなく感性も重視するタイプであり、報告書を書いて成果だと考えるのではなく、クライアントに結果が出て初めて自らの成果だと誇れるタイプだと認識できた。技術的にも、数字を用いて定量的に分析することに相対的優位性があることに気づいた。

さらに言うと、会計士もコンサルタントも、毎日同じ場所に出かけ、同じデスクで作業を続けるような働き方ではなく、時には新幹線や飛行機に乗り、全国のいろいろな場所を回る働き方である。こうした働き方の方が自分の性に合っているのだと思う。そんなこんなで20年ほど、同僚・同業者を見ながら自分の志向や強みを確認し、そこに磨きをかけてきた。

オンリーワンの強みと言えるかはまだわからないが、それに向かっては進んで行けていると認識している。特に独立してからというもの、自分の強みを理解してくださるクライアントに、一つの案件が終わればまた別の案件、という風に、続けてお仕事を頂けるようになり、同業者と競争して顧客を獲得するという感覚がなくなった。

『孫子』の、「彼を知り己を知れば百戰殆うからず」（敵情を知って味方の事情も知悉していれば、百たび交戦しても危険がない。謀攻篇第三）という言葉はあまりにも有名である。『孫子』をビジネスに応用させる際は、「彼」とは同業者やライバルといった競争相手を指すケースが多い。だが、私は「彼」を同業ではあっても、同じ土俵で競争するのではなく、異なる土俵で切磋琢磨し合う仲間だと定義したい。かつての同僚はまさしく同業者ではあるが、自分の特性を浮き彫りにしてくれる貴重な存在であった。思えば、お仕事のお話をご紹介いただくのも、ほぼ全てが広いくくりで言うところの同業者であるが、より狭いくくりでは棲み分けができている味方の人たちである。

はっきり言ってしまえば、西洋流の競争戦略の行きつく先は消耗戦であり、血の海を意味するレッド・オーシャンだ。目指すべきはどちらかと言えばブルー・オーシャンであり、同業者との相対的比較で、いかに競争せずに自分だけの土俵を自ら作り出すかにかかっている。もちろん、ブルー・オーシャンにたどり着くまでの道のりは平坦ではない。だからこそ、死して後已むまでの自己研鑽をし続けなければならないのだ。

社会公益に尽くし、社会から必要とされるために

第三の「公益性が高く、社会的なニーズがあること」という条件にも触れたい。

例えば、お金儲けが心から好きで、そのためには昼夜を問わず努力でき、特技はしゃべ

ることだという人がいたとする。そんな人が、例えばお笑い芸人になり、世の中を笑いで満たしてくれればいいのだが、詐欺の道に手を染めてしまってはならない。あくまでも、刀を磨くには公益性が必須である。

さらに、刻々と変わりゆく社会のニーズにも応え続けるようにしなければならない。これに関連して、小学生の頃に読んだ新美南吉の童話『おじいさんのランプ』にも触れてみたい。

20世紀初頭にランプ売りを家業としていた物語の主人公であるおじいさんこと巳之助は、その後電気の普及に伴ってランプが売れなくなり、やがてランプ屋を廃業して本屋として再出発をする。

巳之助が自分の売り物であるランプを「古臭いもの」と認め、廃業を決断するにはどれだけの勇気が必要なことであっただろうか。だが、彼のように、世の中が進歩して自分の商売が役に立たなくなったら潔くその商売を捨てるなり、あるいは時代の変化に合わせて商売を進化させるなりの自己変革が必要であり、過去にすがりついたり、時代を恨んだりしてはいけないのである。

その意味では、時代の変化を見通す力も必要である。未来の変化を予測する際には、現在さらには過去を学ぶことが大いに有用である。「歴史は繰り返す」というように、全く同じではなくても、その変化には一定の法則が存在するからである。歴史に学ぶことの意義は、実はここにもあるのだ。

孔子が『論語』で、「我に数年を加え、五十にして以て易を学べば、以て大過無かるべし」(私に数年が与えられ、五十歳までに易学を学ぶことができれば、大きな過失なく過ごすことができるだろう。述而第七)と言われたように、歴史の法則を学ぶには、『易経』を肚(はら)の底から理解することが良いように感じられる。だが、残念ながら私はまだそのレベルに達していない。

『易経』原典は難解ながらも、竹村亞希子氏の『人生に生かす易経』『超訳・易経』『リーダーの易経』は入門書として親しみやすい内容となっている。私も、50歳までには今以上に易学について理解を深めたいと思っている。

歴史の法則性にご興味を持たれるのであれば、他にも岸根卓郎氏の『文明論』、村山節氏と浅井隆氏による共著の『文明と経済の衝突』、松藤民輔氏の『投機的時代の研究』などが非常に面白いと感じたので、あわせてご一読をお勧めする。

おわりに

日本的なるものの復権を願って

今、こうして原稿を書き上げている最中も、様々なニュースが飛び込んでくる。

海外にいるリーダーから指示を受け国内のメンバーが行う広域連続強盗事件、未成年者がＳＮＳでの受けを狙って引き起こす大手飲食チェーン店での迷惑行為事件、ＳＮＳでの誹謗中傷に関する法的措置、上場飲食チェーントップによる、かつての勤務先である同業他社からの機密情報持ち出し事件、東大卒・有名外資コンサル出身の経営者が関連する太陽光発電投資詐欺事件、若い男性による女性・高齢者の刺殺事件等々。いずれの事件の根本原因も、自分さえよければ何をしても構わないという、被害者への思いやりの気持ちに欠けた、加害者の倫理道徳の欠如と言える。

政治的機能としての武士が解体された直後の明治時代にあって、洋学が重んじられ、我が国伝統の倫理道徳に関する教育が軽視される傾向を深く憂慮された明治天皇は、徳育の振興が最も大切であるとされ、我が国の教育方針を明らかにするために明治23年（１８９０年）、以下を徳目とする教育勅語を渙発（かんぱつ）された。

孝行…親に孝養をつくしましょう
友愛…兄弟・姉妹は仲良くしましょう
夫婦の和…夫婦はいつも仲むつまじくしましょう
朋友の信…友だちはお互いに信じあって付き合いましょう
謙遜…自分の言動をつつしみましょう
博愛…広く全ての人に愛の手をさしのべましょう
修学習業…勉学に励み職業を身につけましょう
智能啓発…知識を養い才能を伸ばしましょう
徳器成就…人格の向上につとめましょう
公益世務…広く世の人々や社会のためになる仕事に励みましょう
遵法…法律や規則を守り社会の秩序に従いましょう
義勇…正しい勇気をもって国のため真心を尽くしましょう

今読み返してみても、一つひとつが至極当然のことを説いていて、全体主義だとか、極端な思想の偏りなどは一切感じられない。善良な日本国民として不可欠の心得であるとともに、私たちがその実践に努めるならば、祖先たちが昔から守り伝えてきた日本的な美徳を継承することにもなるであろう。

しかし、戦後のＧＨＱの統治を通じて教育勅語が排除された結果、知育、体育、徳育という三つの教育要素のうち、現代の学校教育からは徳育がすっぽりと欠落してしまって今に至っている。もっとも、徳育は、一義的には家庭が担うべきであろうが、家庭の長たる父母たちも、子供を教育するのに十分な徳育を受けていないのである。

今から半世紀以上も前に、ロベール・ギラン氏というフランスの新聞「ルモンド」の極東事務総長を務めた人物が「昨今の公害・風俗・思想の動向等を見ておると、どうも日本は太平洋の島国ではあるが、この島から日本というものがなくなるのではないかという気がする。島は残るが、島の上の歴史的日本・文化的日本はなくなってしまうのではないか」と、予言めいた言葉を残していた。こうした予言は外国人ばかりではなく、かの三島由紀夫も、自死の少し前に、「私はこれからの日本に大して希望をつなぐことができない。このまま行つたら『日本』はなくなつてしまふのではないかといふ感を日ましに深くする。

日本はなくなつて、その代はりに、無機的な、からつぽな、ニュートラルな、中間色の、富裕な、抜目がない、或る経済的大国が極東の一角に残るのであらう」との文書をサンケイ新聞に寄稿している。

彼らが同時代に異口同音に発した「日本がなくなってしまうのではないか」とは、日本精神の衰退と消滅の危惧に他ならない。残念なことに、彼らの予言は当たりかけている。すでに70年以上も前の敗戦直後からアメリカ風の思考や習慣が我が国に浸透し始め、個人の自由と権利が拡張し続けた。一方で日本精神の衰退はここに極まり、今まさに消滅の危機に瀕しているのである。昨今世間を騒がせている不可解なニュースたちがその証左だ。しかも、それぞれ別個のものとして扱われ、一見直接の関連はなさそうに見えるが、実は根の部分で病原を一にしているのだ。

だが、先に触れた三島の寄稿文は、「それでもいいと思つてゐる人たちと、私は口をきく気にもなれなくなつてゐるのである」と続く。さらに彼は『若きサムライのために』に収録されている「お茶漬ナショナリズム」というエッセイの最後で、「私の言いたいことは、口に日本文化や日本的伝統を軽蔑しながら、お茶漬の味とは縁の切れない、そういう中途半端な日本人はもう沢山だということであり、日本の未来の若者にのぞむことはハンバーガーをパクつきながら、日本のユニークな精神的価値を、おのれの誇りとしてくれることである」と結んでいる。

福澤諭吉は『学問のすゝめ』第三編にて、「一身独立して一国独立する事」として、一国の人民が、独立自尊の精神に欠けるときは、独立国家としての権利を世界に広めることなどできるわけもないと述べ、その理由を以下のとおり三か条示した。

第一条…独立の気力なき者は、国を思うこと深切ならず（独立自尊の精神がない国民は、国を愛する心も浅くいいかげんである）

第二条…内に居て独立の地位を得ざる者は、外に在って外国人に接するときもまた独立の権義を伸ぶること能わず（自身に独立自尊の自覚がない者は、外国人と交わっても、自己の権利を主張できない）

第三条…独立の気力なき者は、人に依頼して悪事をなすことあり（独立自尊の気力なき者は、他人の権力に頼って悪に走ることがある）

福澤諭吉のいう独立自尊の精神とは、日本人一人ひとりが自分の足で立ち、自分の頭で考えられる知性と徳性を兼ね備えるべきことを意味している。本書でも触れたように、キリスト教による西洋と、神道・儒教・仏教による日本とを比較すれば、道徳論としては究極的には同じ方向性を示しているため、明治の当時においては徳性面では日本は引けを取らなかった。その一方で、知性面では大きく遅れていることから、学問を修めて、西洋に学んで一刻も早くキャッチアップすべきと主張したのだった。

明治の文明開化後、この「西洋に学べ」という福澤諭吉の真意を理解せず、単に言葉の表面だけをすくって、徳性をおろそかにしたまま民主化と経済発展に邁進し続け、表層的な個人主義や拝金主義にまみれて漂着した果てに現在がある。今まさに混乱の極みに達しているようである。

福澤諭吉が『学問のすゝめ』や『文明論之概略』を出版された明治の時代に比べたら、現在における我が国の科学技術水準は大きな発展を遂げ、経済についても直近は衰退傾向にあるものの、これも大いに発展したと言える。だが、徳性については、明治にあっても新渡戸博士が衰退を指摘していたが、これに輪をかけて、見る影もなく地に堕ちたと言わざるを得ない。

もっとも、徳性をおろそかにしているのは我が国に限らず、世界的な風潮であるかもしれない。自国の利益・利権さえ確保できれば他国はどうなってもいいという、狭隘（きょうあい）なナショナリズムが横行しているのはその表れではないだろうか。そう考えると、現在にあっては他国に徳性を学ぶことは期待できない。学ぶ先は、というと、やはり明治以前の時代に培われた我が国の武士道精神をおいて他にないのではないか。

本書は、未熟ながらもそう信じる私が、どのように実践に移しているかを私の責任において活字にしたものである。読者の皆様は、同じ時代に生を受けた仲間だと思っている。そんな皆様にとって、日々の美意識の鍛錬や仕事のパフォーマンス向上のみならず、伝統精神を誇りとし、次の世代に繋いでゆくためにも、本書が少しでもお役に立てられれば望外の幸せである。

貴重なお時間を割いて最後までお読み下さいまして、誠にありがとうございました。

２０２３年５月

手島 康祐

参考文献

『五感経営　産廃会社の娘、逆転を語る』石坂典子著（日経ＢＰ社、２０１６年）
『［新装版］心を高める、経営を伸ばす　素晴らしい人生を送るために』稲盛和夫著（ＰＨＰ研究所、２００４年）
『経営12カ条　経営者として貫くべきこと』稲盛和夫著（日本経済新聞出版、２０２２年）
『代表的日本人』内村鑑三著、鈴木範久訳（岩波書店、１９９５年）
『『武士道』を読む　新渡戸稲造と「敗者」の精神史』太田愛人著（平凡社、２００６年）
『小倉昌男　経営学』小倉昌男著（日経ＢＰ社、１９９９年）
『斎藤一人のツキを呼ぶ言葉』小俣貫太監修、清水克樹著（東洋経済新報社、２００２年）
『武士道の精神史』笠谷和比古著（筑摩書房、２０１７年）
『武士道と日本型能力主義』笠谷和比古著（新潮社、２００５年）
『論語』金谷治訳注（岩波書店、１９６３年）
『大学・中庸』金谷治訳注（岩波書店、１９９８年）
『新訂　孫子』金谷治訳注（岩波書店、２０００年）
『本当の武士道とは何か　日本人の理想と倫理』菅野覚明著（ＰＨＰ研究所、２０１９年）
『新渡戸稲造はなぜ『武士道』を書いたのか　愛国心と国際心』草原克豪著（ＰＨＰ研究所、２０１７年）
『英雄の書』黒川伊保子著（ポプラ社、２０１５年）
『心の野球　超効率的努力のススメ』桑田真澄著（幻冬舎、２０１５年）
『挑む力　桑田真澄の生き方』桑田真澄著（集英社、２０１６年）
『孟子（上）』小林勝人訳注（岩波書店、１９６８年）
『孟子（下）』小林勝人訳注（岩波書店、１９７２年）

『日本でいちばん大切にしたい会社』坂本光司著（あさ出版、２００８年）
『世界のエリートの「失敗力」』佐藤智恵著（ＰＨＰ研究所、２０１４年）
『大和魂のゆくえ』島田博巳著（集英社インターナショナル、２０２０年）
『7つの習慣』スティーブン・Ｒ・コヴィー著（キングベアー出版、１９９６年）
『経済学という人類を不幸にした学問』副島隆彦著（日本文芸社、２０２０年）
『易経（上）』高田真治・後藤基巳訳（岩波書店、１９６９年）
『負けん気』立浪和義著（文芸社、２０１０年）
『日本がわかる思想入門』長尾剛著（新潮社、２０００年）
『葉隠』奈良本辰也訳編（三笠書房、２００４年）
『新美南吉童話選集　４』新美南吉作（ポプラ社、２０１３年）
『武士道』新渡戸稲造著、矢内原忠雄訳（岩波書店、１９３８年）
『武士道』新渡戸稲造著、奈良本辰也訳（三笠書房、１９９７年）
『対訳　武士道』新渡戸稲造著、山本史郎訳（朝日新聞出版、２０２１年）
『野村ノート』野村克也著（小学館、２００５年）
『老子』蜂屋邦夫訳注（岩波書店、２００８年）
『吉田松陰書簡集』広瀬豊編（岩波書店、１９３７年）
『学問のすゝめ』福澤諭吉著（岩波書店、１９４２年）
『学問のすすめ』福澤諭吉著、檜谷昭彦現代語訳・解説（三笠書房、２００１年）
『文明論之概略』福澤諭吉著（岩波書店、１９９５年）
『現代語訳　文明論之概略』福澤諭吉著、齋藤孝訳（筑摩書房、２０１３年）
『経営のコツここなりと気づいた価値は百万両』松下幸之助著（ＰＨＰ研究所、２００１年）

『［改訂新版］松下幸之助　成功の金言３６５　運命を生かす』松下幸之助著（ＰＨＰ研究所、２０１８年）
『いま、なぜ「武士道」か　美しき日本人の精神』岬龍一郎著（致知出版社、２０００年）
『若きサムライのために』三島由紀夫著（文藝春秋、１９９６年）
『『孫子評註』を読む　日本「兵学研究」の集大成』森田吉彦著（ＰＨＰ研究所、２０１８年）
『名経営者を救った中国古典の名言２００』守屋淳著（日経ＢＰ社、２０１１年）
『新編　論語の人間学』守屋洋著（プレジデント社、２００８年）
『世界最高の人生戦略書　孫子』守屋洋著（ＳＢクリエイティブ、２０１８年）
『中国古典の名言録』守屋洋、守屋淳共著（東洋経済新報社、２００１年）
『論語に学ぶ』安岡正篤著（ＰＨＰ研究所、２００２年）
『現代活学講話選集３　孟子　不安と混迷の時代だからこそ』安岡正篤著（ＰＨＰ研究所、２００５年）
『人物を修める』安岡正篤著（致知出版社、１９８６年）
『先哲講座』安岡正篤著（致知出版社、１９８８年）
『経世瑣言』安岡正篤著（致知出版社、２０１１年）
『世界のエリートはなぜ「美意識」を鍛えるのか？　経営における「アート」と「サイエンス」』山口周著（光文社、２０１７年）
『劣化するオッサン社会の処方箋』山口周著（光文社、２０１８年）
『西郷南洲遺訓』山田済斎編（岩波書店、１９３９年）
『武士道の名著　日本人の精神史』山本博文著（中央公論新社、２０１３年）
『講孟余話』吉田松陰著、広瀬豊校訂（岩波書店、１９３６年）
『菊と刀』ルース・ベネディクト著、長谷川松治訳（講談社、２００５年）
『孫子「兵法」の真髄を読む』渡邉義浩著（中央公論新社、２０２２年）

著者プロフィール
手島 康祐（てしま こうすけ）

公認会計士／コンサルタント／興誠監査法人パートナー
2002年慶應義塾大学経済学部卒業。
公認会計士第二次試験合格後、大手監査法人に就職し、様々な業種・規模の企業の会計監査に従事。その後二社のコンサルティング会社にて、大手企業に対する戦略系、M＆A関係、業務改革系、会計系に跨る幅広いコンサルティング経験を蓄積。その傍らで、特定非営利活動法人鴻鵠塾の監事・理事を歴任し、通算数百名にわたる後進ビジネスパーソンの指導・育成にも励んだ。2019年独立後は、社会に変革をもたらさんと日々成長を追い求める企業に対して株式公開準備等のハンズオン型の支援を実施中。

企画協力　藤田　泰右
組　　版　横須賀　文
装　　幀　華本　達哉（aozora.tv）

人生・ビジネスに活かす「武士道」

2023年6月25日　第1刷発行

著　者　　手島　康祐
発行者　　松本　威
発　行　　合同フォレスト株式会社
郵便番号　184-0001
東京都小金井市関野町1-6-10
電話 042（401）2939　FAX 042（401）2931
振替 00170-4-324578
ホームページ https://www.godo-forest.co.jp
発　売　　合同出版株式会社
郵便番号　184-0001
東京都小金井市関野町1-6-10
電話 042（401）2930　FAX 042（401）2931
印刷・製本　新灯印刷株式会社

ISBN 978-4-7726-6234-5　NDC 336　188 × 130